DIACONIA ALLA VERITÀ

Collana diretta
da RINO FISICHELLA

2

Piano della Collana:

1.
Carmelo Dotolo
La rivelazione cristiana. Parola, evento, mistero

2.
Rino Fisichella
La fede come risposta di senso. Abbandonarsi al mistero

3.
Maurizio Gronchi - Juvenal Ilunga Muya
Gesù: un personaggio storico

4.
Gianmario Pagano
I miracoli di Gesù

5.
Franco Giulio Brambilla
Gesù risuscitato

6.
Mariano Crociata
La Chiesa segno di unità

7.
Graham Bell
La Tradizione viva

8.
Cettina Militello
La profezia e le visioni

9.
Paolo Martinelli
La testimonianza. Verità di Dio e libertà dell'uomo

10.
Andrea Bellandi
L'amore pienezza della fede. Solo la carità conosce

11.
Gianluigi Pasquale
La storia della salvezza. Dio Signore del tempo e della storia

12.
Paolo Scarafoni
I segni dei tempi. Segni dell'amore

13.
Giuseppe Lorizio
Fede e ragione. Due ali verso il Vero

14.
Antonio Staglianò
Fede e cultura

15.
Giuseppe Tanzella-Nitti
Teologia e scienza. Le ragioni di un dialogo

Rino Fisichella

LA FEDE COME RISPOSTA DI SENSO

Abbandonarsi al mistero

Paoline

PAOLINE Editoriale Libri

Via Francesco Albani, 21 - 20149 Milano
http://www.paoline.it
e-mail: edlibri.mi@paoline.it
Distribuzione: Diffusione San Paolo s.r.l.
Corso Regina Margherita, 2 - 10153 Torino

«Quando l'amore vi chiama, seguitelo,
anche se ha vie ripide e dure.
E quando vi parla, credete in lui,
anche se la sua voce
può disperdere i vostri sogni.
L'amore non dà nulla fuorché se stesso
e non raccoglie nulla se non da se stesso.
L'amore basta all'amore.
Quando amate non dovreste dire:
"Ho Dio nel cuore".
Dite piuttosto:
"Sono nel cuore di Dio".
E non crediate di condurre l'amore,
perché se vi scopre degni di sé
è lui che vi conduce».

(Gibran, *Il Profeta*)

INTRODUZIONE

«Persuaso di essermi avvantaggiato molto nella via santa del Signore parlando con voi, mi sento spinto ad amarvi più della mia stessa vita, anche perché vedo in voi grande fede e carità per la speranza della vita divina. Per l'amore che vi porto, desidero rendervi partecipi di quanto ho avuto, sicuro di ricevere beneficio dal servizio che vi rendo. Vi scrivo, dunque, alcune cose perché la vostra fede arrivi a conoscenza perfetta. Tre sono le grandi realtà rivelate dal Signore: la speranza della vita, inizio e fine della nostra fede; la salvezza, inizio e fine del piano di Dio; il suo desiderio di farci felici, pegno e promessa di tutti i suoi interventi salvifici... Per parte mia, vi voglio indicare alcune cose che giovino al vostro bene già al presente. Vi parlo però non come maestro, ma come fratello. I tempi sono cattivi e spadroneggia il maligno con la sua attività diabolica. Badiamo perciò a noi stessi e ricerchiamo accuratamente i voleri del Signore. Timore e pazienza devono essere il sostegno della nostra fede»[1].

Il testo della Lettera, scritto tra la fine del I secolo e l'inizio del II, da un cristiano di nome Barnaba, vissuto probabilmente in Asia Minore o

[1] *Lettera di Barnaba*, 1,1-2.
Tutte le opere sono citate la prima volta complete di riferimenti, successivamente solo nei dati essenziali.

Antiochia, permette di cogliere il senso delle pagine che seguiranno. Esse desiderano descrivere il sentiero della fede. Potrebbe sembrare ovvio ricordare che la fede è come un sentiero che si inerpica su per la montagna; richiede fatica, attenzione, studio, pazienza, coraggio, e attraversa per esteso l'esistenza di una persona. Percorrerlo fino alla fine è un'impresa che richiede costanza e scelta di vita irrevocabile.

In un momento come il nostro, in cui sembra che parlare di fede abbia a circoscrivere gli ambiti della comunicazione a un piccolo gruppo di persone, perché l'interesse della maggioranza sembra focalizzato altrove, potrebbe apparire improduttivo affrontare questa tematica. Se lo facciamo, è perché partiamo dalla convinzione che ognuno ha bisogno di credere e che solo questo atto, semplice ma dal significato profondo, è insostituibile nella vita di una persona. Non è senza riflessione che giungiamo a questa conclusione. Forse, mai come oggi l'uomo ricerca la purezza e l'originalità della fede con maggior interesse. Proprio in un contesto come il nostro, che sembra emarginare la fede per il sopravvenire delle conseguenze del secolarismo, è importante ribadire che proprio quest'ultimo costituisce l'alleato più vicino della fede. Viene il tempo in cui, stanchi delle sue promesse mai attuate e forti della consapevolezza delle illusioni che ha procurato, lo sguardo di molti si rivolga di nuovo a ciò che hanno abbandonato o ritenuto superfluo. D'altronde, la promessa di vivere nel mondo «come se Dio non esistesse» non ha aiutato a raggiungere l'agognata meta della maturità umana e dell'autonomia delle proprie decisioni. La libertà ha un prezzo ben più alto da pagare che non il rifiuto di Dio!

Non si crede, comunque, perché l'illusione è stata forte. La fede è sempre una scelta libera e consapevole che richiede l'impegno di tutta una vita. Non si crede a tratti o nei momenti di maggior sofferenza; la via della fede è una scelta irrevocabile che implica l'affidamento della propria vita nelle mani di un Dio che non si vede, ma che si percepisce presente come ultimo e definitivo portatore di senso. Non siamo di quelli che ritengono che la fede abbia abbandonato le nostre terre e si sia trasferita altrove. La fede è talmente radicata nel nostro popolo e nel suo vivere quotidiano che nessun ipotetico «scontro di civiltà» la potrebbe mettere fuori gioco. Non è in pericolo la fede, e quando si sostiene una tesi così avventata, si dimostra di non conoscere pienamente la storia della Chiesa. Non esiste un secolo della nostra storia che non abbia visto una crisi più o meno estesa o più o meno profonda; gli avvenimenti che di volta in volta hanno legato la Chiesa al potere civile o ai travolgimenti culturali hanno sempre segnato una fase di crisi. Chi ritiene che quella di oggi sia la più grave e che stia portando la Chiesa alla sua dissoluzione, probabilmente dimentica le fasi della controversia ariana o pelagiana, il periodo della riforma o, per non andare troppo lontano, le divisioni avvenute dopo il Concilio Vaticano I. Valgano, a conforto e giudizio, le parole del grande vescovo di Ippona: «Che cosa di nuovo e insolito, o fratelli, patisce ai nostri tempi il genere umano che non abbiano patito i nostri padri? Anzi, possiamo noi affermare di soffrire tanto e tanti guai quali dovettero soffrire loro? Eppure, troverai degli uomini che si lamentano dei loro tempi, convinti che solo i tempi passati siano stati belli. Ma si può essere sicuri che se costoro potessero riportarsi all'epoca degli antenati, non mancherebbero di lamentarsi ugualmente. Se, infatti, tu trovi buoni quei tempi che furono, è appunto perché quei tempi non sono più i tuoi... Perché allora credi che i tempi passati siano stati migliori dei tuoi? Considera bene che dal primo Adamo sino all'uomo di oggi non si incontra se non lavoro, sudore, tribolazioni e spine. Cadde forse su di noi il diluvio? Sono venuti forse su di noi tempi tanto terribili di fame e di guerre come una volta e tali da giustificare il nostro lamento contro Dio a causa del tempo presente? Pensate, dunque, che sorta di tempi erano quelli. Sentendo o leggendo la storia di quei fatti, non siamo forse rimasti inorriditi? Perciò abbiamo piuttosto motivo di rallegrarci che di lamentarci dei nostri tempi»[2].

Un sano realismo, dunque, ci fa pensare che la fede non è in crisi, ma il modo con il quale è stata vissuta nei decenni precedenti, questo certamente è entrato in discussione e provoca il teologo, in primo luogo, a riflettere per indagare possibili vie di soluzione. La fede, d'altronde, è talmente incarnata nel cuore delle persone e nella loro storia da doversi necessariamente adattare con un linguaggio che sia espressivo di ciò che l'uomo vive nel suo contesto culturale. Certamente, questa esigenza non può essere estesa in maniera incondizionata. L'azione liturgica, ad esempio, che per sua essenza esprime la fede, deve rimanere ancorata al linguaggio dei segni, i quali evocano il mistero e non lo abbandonano nelle mani della sola ragione. La storia, comunque, sta vivendo un passaggio epocale che il pastore e il teologo non possono ignorare. Il chiudersi di un'epoca e l'aprirsi di un'altra non è senza

[2] Agostino, *Discorsi*, 2,92.

conseguenze anche per il tema della fede, della sua concretizzazione e della sua intelligenza. Come si è verificato nel passato e, fortunatamente si farà ancora nel futuro, è necessario che di volta in volta si provochi il credente a ritrovare le ragioni della sua fede e si indichi al non credente il limite della sua scelta.

Partiamo dalla convinzione che l'uomo di oggi richiede persone che gli parlino con chiarezza, senza circumlocuzioni che gli darebbero solo l'impressione di rimanere sempre al suo posto. È bene sapere con chi si parla ed è giusto poter contestare le sue affermazioni. Quando si parla del Vangelo e della fede, tuttavia, è determinante che chi ha il compito di doverne scrivere lo faccia sapendo di essere fedele anzitutto a chi lo ha inviato; in questo modo potrà essere compreso in maniera chiara da chi lo legge. Quando si è in ricerca della verità o si vuole indagare la verità a cui si crede, è necessario che ognuno si senta rispettato nel suo cammino personale, senza essere ingannato, illuso o estraniato da sé.

Le pagine che seguiranno descrivono la radicalità della scelta di fede. Non ci si stancherà mai di ripetere che essa rimane un ideale di vita e per questo richiede l'intera esistenza per essere vissuta. Ciò che permane come fondamentale, comunque, è che questa scelta personalizza chi la compie. Fa uscire infatti dall'anonimato in cui oggi ci si trova e consente di raggiungere un rapporto con Dio di familiarità mentre inserisce in una relazionalità ecclesiale che spezza ogni solitudine individualista. La fede è radicale. Come si vedrà nelle pagine seguenti, essa non ammette il dubbio né l'incertezza, ma solo la fiducia di essere accolti, perché all'origine di tutto vi è l'amore di Dio. Un simile atto, lontano dall'essere opera della propria presunzione, è invece frutto della grazia che agisce là dove non si oppone resistenza.

Sì, è vero, bisogna «imparare a credere»[3]; non si nasce con la fede, ma con la possibilità di credere. In ogni persona che viene in questo mondo viene posto un seme che solo la libera scelta di ognuno può permettere che germogli e cresca. Queste pagine desiderano essere un aiuto perché la scelta di fede possa essere sostenuta anche da un'intelligenza che si fa forte della tradizione teologica della millenaria storia della Chiesa.

✠ RINO FISICHELLA

28 agosto 2004,
memoria di s. Agostino, vescovo

[3] F. Ardusso, *Imparare a credere. Le ragioni della fede cristiana*, San Paolo, Cinisello Balsamo (Mi) 1992.

Capitolo I

LA DOMANDA DI SENSO

«Questa vita nella carne io la vivo nella fede del Figlio di Dio che mi ha amato e ha dato se stesso per me» (Gal 2,20). Non troviamo espressione migliore di queste parole dell'apostolo per evocare il tragitto che siamo chiamati a compiere. Per Paolo è fonte di certezza aver compiuto una scelta che gli permette di comprendere a pieno la sua esistenza. «Vivere nella carne» è l'esistenza storica, quella quotidiana, fatta di incontri e di malintesi, di amore e di incomprensione, di desideri e di illusioni, di aspirazioni e di speranze... la vita come la viviamo ogni giorno nel suo fuggire continuo, senza che venga data la possibilità di fermare il tempo e di ritornare sui propri passi. Questa vita «nella carne» viene vissuta «nella fede». Qui, probabilmente, nasce il paradosso che si apre dinanzi ai nostri occhi e che provoca la mente a riflettere sul senso di una tale azione. In che cosa consiste vivere nella fede? Si crea contraddizione tra la vita quotidiana e quella della fede? Viene tolta una qualche forma di autonomia a chi vuole vivere nella fede? È possibile a tutti una simile scelta? Gli interrogativi potrebbero facilmente moltiplicarsi; alla base, comunque, rimane come una costante l'unica vera questione: è possibile credere *oggi*?

La domanda non è ovvia né relegata nello spazio della pura riflessione; essa, al contrario, entra nell'esistenziale quotidiano e ne determina il percorso. Non è assurdo affermare che senza la fede la vita personale non potrebbe raggiungere la sua piena maturazione. La fede, infatti, appartiene a una delle espressioni più qualificanti la vita di ogni persona; anzi, per alcuni versi, è l'atto più importante e decisivo. Esso coagula in sé un insieme di azioni che permettono di cogliere il senso di una vita e il suo dinamico sviluppo. Credere, quindi, non è solo possibile, ma è un atto dovuto. Le domande, tuttavia, rimangono e hanno bisogno di una risposta che sia sensata e capace di portare delle motivazioni in grado di soddisfare la ragione, per permetterle di compiere una scelta che sia libera e carica di significato. Le parole dell'apostolo Paolo, pertanto, creano lo scenario su cui costruire le ragioni che consentono di dare intelligenza all'atto del credere e ai contenuti della fede.

1. Il contesto

La vita possiede forme di inesorabilità che tutti conosciamo, perché ne facciamo esperienza diretta. Una colpisce in modo particolare, perché è impressa in ciò che possediamo di più personale: il nostro volto. In pochi centimetri quadrati, la natura impegna ognuno a verificare le diverse tappe della vita. Implacabile come non mai, quella stessa natura che affascina nel momento in cui ne ammiriamo la possenza delle montagne o l'estensione dei mari, sembra diventare nemica quando obbliga ogni giorno a verificare chi siamo. Nessuna illusione sul tempo che passa; il volto lo dimostra e non rimane che prenderne atto. Con il passare degli anni gravitano sulle nostre spalle anche una somma di esperienze, positive e negative, che segnano lo sviluppo della nostra personalità. Il volto che si specchia coglie in un istante il dramma della vita. Se la certezza accompagna il tempo passato, il futuro è carico di incognite. Forse, il progresso compiuto dalla scienza non permette più che ci si ponga la domanda: « da dove vengo? »; nonostante tutto, però, rimane immutata la domanda: « dove sto andando? ». Il miracolo dell'inizio della vita non è ancora stato scoperto, ma già sono poste le premesse per un intervento sempre più dominante della tecnica sulla natura; eppure, la stessa conquista che promette di estendere oltre il limite biblico la durata dell'esistenza, non è in grado di rispondere alla domanda: « che cosa sarà di me dopo questa vita? ». Da ogni parte si volge lo sguardo, sembra che le domande sulla propria esistenza invece di diminuire si accrescono, e questo uomo sempre più potente si scopre ancora più debole di prima. Paradosso ed enigma a se stesso, chiede insistentemente che gli venga data una risposta al perché della sofferenza, della solitudine e del dover lasciare le persone che ama per il sopraggiungere di una morte di cui non sa il come né il quando[1].

[1] Sintomatico di questa condizione un testo di J. Steinbeck, *The Log from the Sea of Cortez*, cit. da H.U. von Balthasar, *Teodrammatica*, vol. II: *Le persone del dramma - L'uomo in Dio*, Jaca Book, Milano 1982, p. 320: « Così l'uomo che pensa o che sogna, ammira l'evoluzione che conduce alla morte; e invece, nell'istinto che non pensa e che in realtà lo incalza, l'uomo tende alla sopravvivenza. Forse non c'è un altro essere vivente, a tal punto lacerato tra alternative. Si può, ben azzeccando, definire l'uomo un paradosso su due gambe. Non si è mai potuto abituare al tragico miracolo della coscienza ».

Non possiamo nascondere che dinanzi a questi interrogativi, diverse tendenze culturali spingano al cinismo. Perché cercare una risposta se non esiste? Meglio vivere la vita ogni giorno per quello che concede, senza chiedere troppo al domani. Il *carpe diem* di Orazio non è solo dei tempi passati, è di oggi. Basti mettere a confronto alcuni testi per verificare le stesse posizioni ieri e oggi. È espressivo il frammento dell'epopea di Gilgamesh conosciuto già 1600 anni prima di Cristo: «Dove vanno i tuoi passi, Gilgamesh? Non troverai la vita che cerchi; quando gli dèi crearono l'uomo gli diedero in sorte la morte. La vita trattennero in mano. Gilgamesh, riempiti il ventre, sii felice giorno e notte, fa'che i giorni trabocchino di gioia, balla e fai musica giorno e notte. Indossa abiti nuovi, lavati il capo e goditi il bagno. Guarda il fanciullo che ti tiene per mano. Fa' che tua moglie goda del tuo abbraccio. Solo queste cose riguardano l'uomo». Non dovrebbe essere molto differente la risposta che migliaia di persone potrebbero dare il venerdì o il sabato dopo essere stati intontiti, non solo dai decibel, nelle varie discoteche fino alle prime ore dell'alba!

Per ritornare ai nostri giorni, è interessante l'iniziativa editoriale presa dal settimanale *Die Zeit* nei mesi scorsi. Il periodico ha pubblicato stralci di lettere che nel 1962 due ragazzi del tutto sconosciuti, Ditmar Gottschall e Silke Siegel, ricevettero dopo aver scritto una breve lettera a diversi scrittori, chiedendo loro di aiutarli a scoprire il senso della vita. I due giovani avevano scritto: «Lei incontra una persona per strada e legge nei suoi occhi una grande e tormentosa domanda. Si fermerebbe per darle una risposta, pur avendo poco tempo? Credo fermamente di sì, dal momento che lei è una persona in grado di comunicare i suoi pensieri agli altri. Io sono quella persona che lei incontra per la strada, sono giovane e la mia domanda vive in ciascuno dei miei gesti. Lei pensa che la vita abbia un senso? E se sì, quale senso? So che lei non mancherà di rispondermi. La verità mi appare ancora inarrivabile, ma è un bene e quindi io la cercherò. Vuole aiutarmi un po'?».

Le risposte arrivarono alla diciassettenne Silke; questi brevi stralci permettono di comprendere le diverse posizioni di rinomati scrittori. Max Frisch rispondeva: «Si tratta di una domanda che tutti ci poniamo almeno una volta nella vita... Faccia conto che la vita abbia un senso e poi lo cerchi mentre la sta vivendo, oppure osservi le vite delle altre persone e vedrà che molte di esse valgono la pena di essere vissute... Se ne faccia una ragione: nella sua vita continuerà a fare esperienze in cui la domanda si riproporrà, e in cui la vita in se stessa sarà sufficiente e non avrà uno scopo». Allo scetticismo di Frisch, faceva da eco in maniera ancora più cinica Raoul Haussmann, pittore e scrittore avanguardista: «Secondo quanto ho potuto constatare finora, la vita non ha NESSUN senso. Sarà strano e triste, ma bisogna accontentarsi». Con un marcato accento positivista, rispondeva l'autore di *Congetture su Jacob*, Uwe Johnson: «La vita sulla terra, in merito al suo esistere non ha bisogno di giustificazioni né di pretesti, ma comprende tutto quanto e molto più di quanto possano apprendere su di essa quanti la vivono... Alla fine, non abbiamo bisogno di altro senso se non quello della morte. E fino a quel momento il tempo è a disposizione di ogni persona». Con pacata serietà l'austriaco Gregor von Rezzori, autore di *Un ermellino a Cernopol*, scriveva: «Se lo sapessi, figliola mia – ma non è così – l'avrei già detto. Ma dal momento che non lo so, mi tornano alla mente tutte le risposte che ho tentato di dare a me stesso al tempo in cui avevo l'età che lei ha adesso. E una di queste risposte dice qualcosa di diverso dalla disposizione in cui si è posta lei. Voglio proporgliela perché deriva da uno stato d'animo più fiducioso: la vita non ha alcun altro senso (e non ha nemmeno bisogno di averne) se non quello di vivere... Non mi chieda un commento: o la risposta le arriva come una verità semplice e ovvia – e allora lei si trova nello stato d'animo giusto per accogliere il mondo per quello che è, ma in questo caso avrebbe trovato la risposta anche da sola –, oppure la fa molto tormentare e ciò porterebbe a una rassegnazione che non lascia alcuna speranza»[2].

L'orizzonte, comunque, non è sempre così impregnato di cinismo. La capacità ad allargare lo sguardo per andare oltre i soliti gettonati maestri dell'effimero, permette di incontrare molte espressioni, non solo letterarie, che spingono a rientrare in se stessi e porsi con serietà le domande che condizionano l'esistenza. Il problema del senso, d'altronde, non è un'invenzione per dare sollievo ai pochi solitari della speculazione; è un impegno e un obbligo a cui nessuno può sottrarsi, perché ne va della propria vita. È vero, un sano realismo chiede di aprire gli occhi e guardare con attenzione a quanto avviene intorno a noi. È sufficiente camminare per la strada o salire su un qualsiasi vagone della metropolitana e osservare il comportamento delle giovani generazioni per concludere che, fin

[2] Cfr. P. Di Stefano, *Il senso della vita? Istruzioni per l'uso*, in *Corriere della Sera*, 11 aprile 2004.

dall'abbigliamento, qualcosa di veramente grande è cambiato. Chi dovesse porsi la domanda sul senso, probabilmente, rischierebbe di essere considerato un marziano dai suoi coetanei. Non si è solo modificato il modo di vestirsi, ciò che è cambiato è il modo di pensare e di affrontare i problemi. Il *piercing* potrà piacermi o dare fastidio, un tatuaggio potrà attirare l'ammirazione o il disgusto, ma questi sono solo segni che chiedono di essere letti se si vuole approdare a una lettura sul momento culturale che si vive. Inutile nascondere che un generalizzato senso di narcisismo si è accoppiato con una marcata assenza di gusto, generando uno squallore che rende evidente la mancanza di una progettualità capace di coinvolgere soprattutto le giovani generazioni.

In questa «era del vuoto»[3] che sembra estendersi oltre misura, non è frutto del pessimismo affermare che si stanno bruciando intere generazioni solo per evitare di chiedere loro un impegno radicale. Non è lontano il tempo in cui questi stessi giovani si ergeranno a nostri giudici e, rimproverandoci, chiederanno il perché di queste scelte fallimentari nei loro confronti. Sarà difficile in quel momento trovare i veri colpevoli; avranno di nuovo cambiato gli abiti e con rapidità si saranno trasformati in nuovi analisti e opinionisti, sempre pronti a scrollarsi di dosso ogni responsabilità. Cedere a questa voce delle sirene, tuttavia, equivarrebbe per il teologo e il pastore ad allontanarsi dalla missione ricevuta. È importante che ci siano sempre sentinelle capaci di vegliare e mantenere viva l'attenzione per il futuro.

[3] Cfr. l'interessante analisi di G. Lipotevsky, *L'ére du vide. Essais sur l'individualisme contemporain*, Paris 1993², pp. 70-112.

2. UNA DOMANDA NECESSARIA

È estremamente difficile parlare del senso e, soprattutto, dire qualcosa di sensato in proposito. Per poterlo fare bisognerebbe entrare nell'intimo e trovare il linguaggio coerente per esprimere quanto in esso vi è depositato. La gabbia che racchiude il linguaggio, tuttavia, impedisce di esprimere tutto ciò che è frutto del pensiero e del sentimento. Il mondo in cui viviamo, inoltre, è già carico di significati; l'uomo, spesso, non pone la domanda sul senso delle cose, la ritrova già in atto e l'acquisisce perché appartiene al contesto culturale in cui è inserito. Ci sono evidenze tali che sfociano in un sentire comune quasi naturale, che impedisce di fornire un senso personale oltre a quello che è patrimonio di tutti. Parlare di senso, tuttavia, equivale a porre una questione che per sua stessa natura ha un carattere universale. Non si può affrontare il problema del senso della vita relegandolo al sentire di una sola persona; questa domanda se ha senso, deve avere senso per tutti. La stessa cosa vale nel momento in cui si affronta la vita. Il senso della vita non può essere frantumato in diversi atti che compongono l'esistenza quotidiana; deve, in primo luogo, toccare tutta la vita e non unicamente un suo singolo atto.

Questa problematica evidenzia un cambiamento paradigmatico che si è approntato a livello filosofico e culturale nei decenni precedenti. Dopo Nietzsche non si ha più un «fondamento» perché non si ha più una sola verità[4]. Avviene così che la

[4] Cfr. uno degli ultimi studi in proposito, A. Cecchini, *Il «divenire innocenti» in Friedrich Nietzsche*, Glossa, Milano 2003, pp. 53-60.

domanda sulla verità viene progressivamente sostituita dalla domanda sul senso, con la conseguenza che l'orizzonte veritativo si dissolve in quello etico. Poiché, tuttavia, l'unità della verità si è frammentata, ne è derivata anche la frammentarietà del senso. Ne consegue che quando si parla di senso, ciò che viene recepito di fatto a livello culturale non è più al singolare; il riferimento, purtroppo, è esteso ai diversi «sensi» che sono giudicati tali nell'individualità soggettiva. Il relativismo, insomma, ha toccato anche l'istanza più qualificante dell'esistenza, impedendo di accedere a un valore universale sul senso della vita.

Non è compito di queste pagine affrontare la problematica epistemologica del senso che permetterebbe di comporre in unità il suo significato originario[5]; ciò che preme, invece, è tentare di formulare una prima risposta che sappia coniugare l'esigenza del senso con la possibilità di credere. Sorge, a questo punto, un ulteriore problema che si estende nell'ambito della comunicazione: come permettere che quanto è frutto del mio pensiero e della mia esperienza profonda possa essere comunicato in maniera coerente a un altro, così da renderlo partecipe delle mie domande? È vero, quindi, che la domanda sul senso della vita è comune a tutti, ma ognuno la percepisce e la pone in maniera del tutto personale, a partire dall'esperienza che vive. Dietro la domanda universale sul «senso della vita», pertanto, si nasconde la storia personale

[5] Cfr. J. Alfaro, *Dal problema dell'uomo al problema di Dio*, Queriniana, Brescia 1991, pp. 241-257; R. Fisichella, *La via della verità. Il mistero dell'uomo nel mistero di Cristo*, Paoline Editoriale Libri, Milano 2003, pp. 13-29.

di ognuno che richiede una risposta che lo coinvolga in prima persona.

Sono diversi gli ambiti in cui sorge la questione del senso. Troppo spesso essa viene posta sotto la provocazione del dolore e della sofferenza; la domanda sul senso, tuttavia, non dovrebbe nascere in prima istanza dall'incontro con l'assurdo. Certo, ci sono momenti in cui più direttamente si percepisce la contraddizione della vita e l'uomo diventa più sensibile a queste domande, ma il senso dell'esistenza ha una valenza positiva e deve incontrare ognuno primariamente in ciò che viene sperimentato come frutto e fine della propria felicità. Bisogna, quindi, puntare lo sguardo primariamente sui momenti più positivi dell'esistenza per cogliere in essi il significato che possiedono e quel senso globale che sarà in grado di dare risposta anche ai momenti più drammatici che la vita comporta.

È in forza di questa considerazione che desideriamo porre la domanda sul senso dinanzi all'esperienza dell'amore. Questo non sarebbe pieno se non portasse con sé la domanda sul senso. Che senso ha, infatti, amare ed essere amato? Per l'uomo di oggi, che spesso confonde l'amore con la passione o che sperimenta i fallimenti di ciò che chiama amore[6], diventa difficile porsi una simile domanda; eppure, solo nella misura in cui è capace di dare una risposta all'amore, sarà in grado di affrontare la domanda sul senso del dolore e della morte. Contrariamente, la questione del senso sarà sempre sottoposta al ricatto dell'assurdo e non po-

[6] Cfr. H.U. von Balthasar, *Solo l'amore è credibile*, Borla, Roma 1977, pp. 63-75.

trà incontrare l'uomo nell'istanza più personale che è quella della vita e non della morte.

In questo contesto, merita riprendere tra le mani un testo significativo del Cantico dei Cantici. «Forte come la morte è l'amore» (8,6) è la conclusione a cui giunge l'ignoto autore sacro. Dinanzi al masso granitico della morte, che esprime il non senso della vita, viene a porsi una forza così intima all'uomo, che è in grado di frantumare e disperdere l'assurdo della morte. Questa è certamente il termine ultimo verso cui tutto sembra muoversi nell'esistenza personale; qui l'assurdo trova l'espressione più coerente, soprattutto quando la morte si presenta avvolgendo tra le sue braccia la vita innocente e indifesa. Se, tuttavia, si trova qualcosa che è forte e totale tanto quanto la morte, allora ciò significa che può essere vinta e, quindi, anche distrutta. Qui sorge il volto dell'amore come forma definitiva in grado di dare senso a tutto.

Il testo del Cantico dei Cantici è un inno all'amore tra l'uomo e la donna[7]. Esso esprime al meglio la natura dell'amore che proviene dal creato e che trova il suo spazio nella relazionalità interpersonale. Con diverse immagini e simboli, l'autore sacro sembra voler portare il lettore proprio a questo versetto conclusivo del suo libro, che inneggia alla grandezza dell'amore in grado di distruggere la morte stessa. Il contesto immediato dell'espressione non può essere tralasciato: «Mettimi come un sigillo sul tuo cuore, come un sigillo sul tuo braccio» (Ct 8,6). La funzione del sigillo, come si sa, è quella

[7] Cfr. G. Ravasi, *Il Cantico dei Cantici*, EDB, Bologna 1992; G. Barbiero, *Cantico dei Cantici*, Paoline Editoriale Libri, Milano 2004, pp. 376-385.

di impedire che qualcosa di intimo e riservato possa essere aperto da mani estranee; esso serve ad attestare la piena e integra relazione tra i due amanti. È interessante osservare, in proposito, che le culture antiche – quella mesopotamica in particolare – ritenevano che questo tipo di sigillo accompagnasse nella tomba il defunto a testimonianza di un legame talmente intimo che continuava dopo la morte. Il sigillo, insomma, è tra le cose più care che una persona possiede e da cui difficilmente ci si separa. Il simbolo del sigillo, pertanto, porta ad affermare che l'amore tra l'uomo e la donna possiede il carattere della continuità e della perennità; in una parola, è un amore che non si scioglie, esso dura per sempre e vuole andare oltre la morte.

Il termine «amore», nel nostro testo, non ha l'articolo; è indice di una sua personificazione. Viene descritto come «forte»; vale a dire, in grado di affrontare la lotta con la morte. L'immagine che ne proviene mostra l'amore nelle vesti di un guerriero e non di una dolce fanciulla, come l'iconografia è solita rappresentarlo. L'altro guerriero è la morte. Dinanzi a lei chiunque capitola; non sembra esistere potere, intelligenza, furbizia né potenza fisica che le si possa contrapporre in maniera adeguata. Torna alla mente la scena del film *Il settimo sigillo* di Bergmann dove, in termini moderni, viene data probabilmente l'espressione più adeguata del trionfo della morte, che non soccombe neppure davanti a una partita a scacchi truccata. L'intenzione dell'autore sacro, tuttavia, sposta lo sguardo altrove. Se è vero che non si può resistere alla morte, è altrettanto vero che non si può resistere all'amore. La letteratura, dai greci ai nostri giorni, fornisce un'immensa produzione del rapporto *eros-thanatos*; estasi, rapimento, liberazione, sconfitta... sono termini che ritornano costantemente in questo binomio che sembra destinato a vivere e perire insieme. Eppure, la Sacra Scrittura permette di andare al di là di questa semplificazione. Se, infatti, è vero che morte e amore sono legati, è altrettanto vero che sono nemici e rivali e, quindi, in lotta tra di loro. Ciò che viene rivelato, tuttavia, è che la vittoria spetta all'amore e non alla morte. Il cuore del Cantico dei Cantici, che da questa prospettiva prepara l'intero annuncio della teologia giovannea e paolina, sta tutto qui: la vittoria e il trionfo appartengono all'amore e alla vita che sconfiggono la morte. Insomma, se c'è qualcuno che può vincere il vero, unico e ultimo nemico dell'uomo, questo è l'amore.

Il problema del senso ritrova qui un'ulteriore tappa da raggiungere; viene chiesto, infatti, di non puntare sulle proprie sicurezze, ma di affidarsi solo al richiamo dell'amore. Un amore genuino scaturisce dalla fede e porta la fede alla perfezione[8]; se si preferisce, è lo stesso cammino percorso da Abramo: lasciare tutto per mettersi su una strada che conduce a un paese di cui non si conosce nulla. In una parola, amore e fede vivono della stessa natura e puntano allo stesso fine; ciò che viene richiesto è l'abbandonarsi per raggiungere più facilmente la certezza che esiste qualcosa e questa non potrà mai essere distrutta né dissolta[9]. Non è vero, quindi, che « tut-

[8] Come si nota, è la lezione di Tommaso d'Aquino: « Caritas dicitur forma fidei, in quantum per caritatem actus fidei perficitur et formatur », STh II-II, q. 4, a. 3.

[9] Cfr. G. di St. Thierry, *Natura e grandezza dell'amore*, 12-14, Qiqajon, Magnano (Bi) 1990, pp. 42-47; R. Fisichella, *Fides quaerens caritatem*, in Id. (a cura di), *Noi crediamo. Per una teologia dell'atto di fede*, Edizioni Dehoniane, Roma 1993, pp. 177-193.

to termina con la morte»; l'amore spinge a uscire da sé, a cercare un senso e a trovarlo; proprio come la donna del Cantico dei Cantici che non si lascia spaventare dall'«inverno» (2,11) e dalla «notte» (3,1), ma va incontro alla «primavera» (2,12) e in cerca dello «sposo» (3,4) perché è «malata d'amore» (2,5). La vittoria della vita sulla morte trova nel mistero pasquale di Cristo l'espressione culminante e la risposta alla domanda di senso raggiunge il culmine oltre il quale non si può andare per avere un'ulteriore certezza. Chi ama veramente sa che deve perdere la propria singola verità, che deve rinunciare alla sua libertà e, alla fine, poter donare la stessa vita; con ragione von Balthasar poteva scrivere: «Nell'amore, ognuno è volenterosamente disposto a lasciare che abbia valore qualcosa di più di quanto lui soltanto può controllare e valutare. L'amore è quella recettività che dà credito a ogni verità straniera e le consente di rivelarsi come tale»[10]. È in questo senso che diventano chiare le parole di Gesù: «Chi ama la sua vita, la perderà e chi avrà perduto la sua vita per causa mia, la troverà» (Mt 10,39), come pure: «Nessuno ha un amore più grande di questo: dare la vita per i propri amici» (Gv 15,13).

La chiamata a realizzare questo amore vale per chiunque intende dare senso pieno e duraturo alla vita. Si scopre in questa dimensione la novità del cristianesimo e la sua originalità nei confronti delle culture e delle altre religioni. Con efficacia, quasi volendo descrivere l'impossibile, san Bernardo scrive: «L'amore è sufficiente per se stesso, piace per se stesso e in ragione di sé. È a se stesso merito

[10] H.U. von Balthasar, *Teologica*, vol. I: *La verità del mondo*, Jaca Book, Milano 1987, p. 130.

e premio. L'amore non cerca ragioni, non cerca vantaggi al di fuori di sé. Il suo vantaggio sta nell'esistere. Amo perché amo, amo per amare. Grande cosa è l'amore se si rifà al suo principio, se ricondotto alla sua origine, se riportato alla sorgente. Di là prende sempre alimento per continuare a scorrere. L'amore è il solo tra tutti i moti dell'anima, tra i sentimenti e gli affetti, con cui la creatura possa corrispondere al Creatore, anche se non alla pari; l'unico con il quale possa contraccambiare il prossimo, certo alla pari. Quando Dio ama, altro non desidera che essere amato. Non per altro ama, se non per essere amato, sapendo che coloro che lo ameranno, si beeranno di questo stesso amore»[11]. Questa «natura» dell'amore porta con sé una verità talmente universale che si è imposta nelle diverse culture, mostrando il suo vero volto e il fine verso cui tende. Ogni altra espressione impallidisce dinanzi a questa e mostra evidente il suo limite. L'amore che proviene dalla natura, insomma, non può trovare compimento rimanendo in se stesso. Ciò non significa che sia negativo e che debba essere rifiutato solo perché limitato, al contrario. Tutte le diverse forme dell'amore umano esprimono ognuna una via propedeutica che, comunque, deve sfociare nell'amore cristiano; esso permane come ultima e soddisfacente risposta di senso capace di andare oltre il limite della morte[12].

Espressiva, in proposito, una considerazione del filosofo G. Marcel che sembra scritta sulla lunghezza d'onda del Cantico: «Se c'è in me una certezza incrollabile, essa è quella che un mondo che viene

[11] S. Bernardo, *Discorsi sul Cantico dei Cantici*, 83,4.
[12] Cfr. H.U. von Balthasar, *Solo l'amore è credibile*, pp. 33-51.

abbandonato dall'amore deve sprofondare nella morte, ma che là dove l'amore perdura, dove trionfa su tutto ciò che lo vorrebbe avvilire, la morte è definitivamente vinta»[13]. Si potrebbe concludere facilmente sostenendo che quando a una persona si dice: «ti amo», ciò equivale a dirle: «tu non morirai mai». Il sigillo posto tra i due non ha più possibilità di essere rimosso, permane oltre la morte mostrando il vero volto dell'amore. L'apostolo Paolo non si allontana da questa prospettiva quando scrive: «Chi ci separerà dunque dall'amore di Cristo? Forse la tribolazione, l'angoscia, la persecuzione, la fame, la nudità, il pericolo, la spada? Proprio come sta scritto: Per causa tua siamo messi a morte tutto il giorno, siamo trattati come pecore da macello. Ma in tutte queste cose noi siamo più che vincitori per virtù di colui che ci ha amati. Io sono infatti persuaso che né morte né vita, né angeli né principati, né presente né avvenire, né potenze, né altezza né profondità, né alcun'altra creatura potrà mai separarci dall'amore di Dio, in Cristo Gesù, nostro Signore» (Rm 8,35-39).

3. In cammino verso la fede

Le considerazioni che sono state fatte circa la domanda universale del senso e l'esigenza di una risposta personale toccano anche la fede. Non esiste una risposta uguale per tutti, quasi si trattasse di una formula che, di volta in volta, si può adattare ad ogni persona. La fede è un cammino personale e Dio lo si scopre là dove lui ha deciso di incontrare

[13] G. Marcel, *Homo viator*, Aubier 1944, p. 189.

ognuno di noi. L'icona di sant'Agostino è certamente eloquente ed espressiva anche per l'uomo di oggi. Come non ripercorrere le diverse fasi delle sue *Confessioni* senza ritrovare parte di ciò che noi stessi sperimentiamo? Il cuore inquieto di Agostino, tuttavia, arrivò finalmente a cogliere la verità della fede quando si scontrò con la verità della sua vita. In quel momento giunse anche la vera felicità e la scoperta del genuino amore che, invano, aveva ricercato fino ad allora: «Dove dunque ti trovai, per conoscerti? Certo non eri già nella mia memoria prima che ti conoscessi. Dove dunque ti trovai, per conoscerti, se non in te, sopra di me? Lì non v'è spazio dovunque: ci allontaniamo, ci avviciniamo, e non v'è spazio dovunque. Tu, la Verità, siedi alto sopra tutti coloro che ti consultano e rispondi contemporaneamente a tutti coloro che ti consultano anche su cose diverse. Le tue risposte sono chiare, ma non tutti le odono chiaramente. Ognuno ti consulta su ciò che vuole, ma non sempre ode la risposta che vuole. Servo tuo più fedele è quello che non mira a udire da te ciò che vuole, ma a volere piuttosto ciò che da te ode. Tardi ti amai, bellezza così antica e così nuova, tardi ti amai. Sì, perché tu eri dentro di me e io fuori. Lì ti cercavo. Deforme, mi gettavo sulle belle forme delle tue creature. Eri con me, e non ero con te. Mi tenevano lontano da te le tue creature, inesistenti se non esistessero in te. Mi chiamasti, e il tuo grido sfondò la mia sordità; balenasti, e il tuo splendore dissipò la mia cecità; diffondesti la tua fragranza, e respirai e anelo verso di te, gustai e ho fame e sete; mi toccasti, e arsi di desiderio della tua pace»[14].

[14] Agostino, *Confessioni*, IX,26,37; 27,38.

Sono diverse le situazioni che il nostro contemporaneo vive; pensare che si possa parlare a tutti della fede nello stesso modo è ingenuo e poco efficace. Se essa deve poter rispondere alla domanda di senso che viene posta, allora è necessario che si incarni nelle diverse situazioni di vita che vengono vissute per poter essere presente là dove l'uomo, non potendo più dare risposte a partire da sé, tende la mano per avvicinarla il più possibile a Dio. Molte e differenti sono le analisi che di volta in volta vengono compiute per valutare la fede del nostro contemporaneo. Le cifre si contraddicono da un giorno all'altro e lasciano trasparire, in maniera alterna, fiducia o preoccupazione. Se la fede fosse misurabile da un'indagine statistica, il teologo potrebbe chiudere i battenti e dichiarare fallimento. La fede, al contrario, si coglie nell'intimo e viene conosciuta in maniera genuina solo da Dio. È questa una condizione basilare per la comprensione cristiana della fede che deve rispettare un duplice ambito: da una parte, il primato della grazia di Dio che interviene in un momento non definito da parte dell'uomo, ma inserito in quel misterioso piano di salvezza che è conosciuto solo da lui; dall'altra, la libertà della persona che credendo pone le premesse per uno stile di vita consequenziale e coerente con la fede. Nell'uno come nell'altro caso, ognuno è posto dinanzi a Dio nell'atto di affidare a lui e solo a lui la sua esistenza.

Il contesto culturale in cui siamo inseriti consente di tratteggiare alcune situazioni peculiari che possono favorire, ritardare o rifiutare la scelta di fede. Non viviamo più, a differenza dei secoli passati, in un blocco monoculturale che lasciava immediatamente trasparire l'unità tra la cultura e la fede. Le varie epoche che vanno sotto il nome di Medio Evo, Umanesimo e Rinascimento, pur in forme differenti, rendevano manifesta la forza della fede e la sua incidenza sulla cultura. L'Occidente, pur diviso tra confessioni diverse, si presentava pienamente come cristiano; la letteratura, l'arte, la musica, la conquista di nuovi traguardi... quanto veniva espresso dal genio umano aveva impresso in sé, in maniera più o meno evidente, la matrice della fede cristiana. Pur con tutti i distinguo necessari, anche l'epoca moderna non ha potuto fare a meno di questo legame con la fede. La secolarizzazione nasceva nel suo intento originario come purificazione del fenomeno cristiano e non certamente come un suo elemento distruttivo. Non è azzardato affermare che fino alla fine della seconda guerra mondiale la fede cristiana si presentava come l'unica forma unitaria in grado di dare speranza alla ricostruzione in atto in un mondo ridotto a macerie. Né il materialismo né i nazionalismi totalitari furono in grado di sradicare la fede; anzi, il «risvegliarsi della Chiesa nelle anime» – per dirla con Guardini – prendeva forma proprio in quelle situazioni di negazione e rimane come la felice formula sintetica di quel periodo. Se la caduta del muro di Berlino ha permesso di vedere gli ingenti danni che l'ateismo pratico aveva compiuto su intere generazioni, dall'altra parte ha consentito di verificare come interi popoli avessero conservato integra la fede dei padri, purificandola nel sangue dei propri martiri[15].

[15] In questo senso bisogna ricordare i testimoni della fede del XX secolo, che Giovanni Paolo II ha voluto ricordare in maniera solenne durante il Grande Giubileo dell'anno 2000.

Qualcosa, tuttavia, è cambiato. A differenza del passato, il nostro contemporaneo vive una situazione segnata da una chiusura in se stesso senza più un particolare impegno nella costruzione della società. Il momento sociale della fede, che aveva caratterizzato i decenni precedenti, lascia ora il posto al primato dell'esperienza individuale. Paradossalmente, avviene che la fede si consolida nel singolo credente, ma senza più incidenza particolare nel vivere sociale, politico e culturale. La responsabilità per la trasmissione della fede lascia il posto a una forma di fideismo accomodante che, di fatto, impedisce alla fede di essere se stessa. Il contenuto della fede, in questa situazione, viene frantumato nella sua unità, mentre solo alcuni aspetti vengono assunti, e in parte assolutizzati, per divenire norma dell'esperienza personale. Lo spavento che l'«era del vuoto» provoca, soprattutto se si considera il futuro, sembra debellato nel migliore dei casi dall'affidarsi a un'esperienza che momentaneamente offre sicurezza; se si è più deboli, invece, si cade nelle mani della superstizione travestita dalle sue mille maschere. Illusione tremenda. Senza un impegno concreto, infatti, la fede muore e in un contesto di debolezza generale essa stessa si affievolisce per la mancanza di intelligenza coerente che ne permette di cogliere l'essenza.

Non sarà da dimenticare, in questo frangente, un ulteriore elemento che emerge in maniera evidente. A nessuno sfuggirà, in primo luogo, il predominio che la tecnica ormai esercita su gran parte dell'esistenza personale e sociale. Sempre più ripetuti sono gli interventi che tendono a ridurre l'uomo e la natura a una semplice materia in grado di essere modificata a proprio piacimento. Teorie scientifiche diventano spesso dogmi indiscutibili che vengono venduti a buon prezzo nelle aule scolastiche. La conquista di nuovi mondi nello spazio e la capacità a entrare nello stesso DNA hanno spalancato le porte per un intervento sempre più diretto della tecnica nella vita delle persone e nel mondo. La clonazione, diventata ormai un termine usuale nel linguaggio comune, fa perdere di vista il senso della scoperta e impedisce di andare in profondità sulle nuove tecniche genetiche che intervengono direttamente sull'uomo fino a determinare la sua stessa natura. La scoperta tecnologica, che come ogni scoperta scientifica non è mai neutrale, porta con sé una visione dell'uomo e del mondo che non può essere sottaciuta. L'uomo, di fatto, viene concepito solo come un corpo, una macchina certamente complessa ma essenzialmente un composto chimico, fisico e di scariche elettriche. In questo frangente, si è obbligati a ritmi frenetici, la comunicazione viene limitata a un rapido *sms* o a una navigazione in *internet* senza più un vero rapporto interpersonale e viene meno la capacità di compiere scelte che abbiano valore per sempre. È evidente che il discorso sulla fede, che pone alla sua base il mistero e la credibilità tra le persone, subisca di conseguenza delle modifiche non indifferenti. Il contesto culturale, insomma, non è indolore per il tema della fede; questa, per sua natura, è un impegno costante che dura l'intero arco della vita e non solo per una sua stagione.

Come si può osservare, sono diverse le situazioni in cui il nostro contemporaneo si trova a incontrare la fede. Il *relativismo* gli impedisce di accogliere una sola verità. Il *soggettivismo* lo rinchiude solo in se stesso senza un vero rapporto di responsabilità verso gli altri e il mondo. La conquista *tecnologica* gli appanna il senso e il valore del mistero che la sua stessa vita comporta. Le reazioni sono anch'esse all'ordine del giorno. L'*ateismo* fa di nuovo capolino e si infiltra con virulenza nei comportamenti; l'*indifferenza religiosa* declassa ogni evento di fede alla scelta emotiva, mentre un eccesso di *sentimentalismo* tende ad appiattire i rapporti interpersonali.

4. Il rispetto oltre la tolleranza

Non saremmo completi, in questa frammentaria analisi, se non facessimo un rapido cenno al tema del *rapporto con le altre religioni*. Il cristianesimo si è sempre venuto a incontrare con le religioni. È illusorio pensare che il fenomeno sia solo dei nostri giorni; se così fosse dovremmo liberarci di duemila anni di letteratura cristiana. Ciò che ai nostri giorni appare come peculiare, invece, è l'imporsi di una mentalità di tolleranza come la caratteristica atta a regolare i rapporti tra le diverse religioni nelle società. Sembra diventare, inoltre, più urgente il confronto tra il cristianesimo e l'islam, in riferimento all'influenza che hanno nei confronti dei relativi fedeli e nel loro rapporto come religione. Viviamo, da questa prospettiva, una situazione relativamente nuova e, comunque, sottoposta negli ultimi anni a diverse analisi non sempre, a onor del vero, coerenti. Non si sbaglia affermando che si è passati da uno stadio di indifferenza a quello di un confronto che tende a sottolineare la differenza. Certamente nel decennio passato, la relazione tra cristianesimo e islam apparteneva a un riservato gruppo di esperti. Oggi non è più così. Il fatto peculiare dell'immigrazione, che ha toccato in maniera diretta vari Paesi europei, le vicende internazionali che ogni giorno sono sotto i nostri occhi e il vivere in un mondo sempre più piccolo hanno determinato un nuovo impatto e il confronto si è fatto inevitabile[16]. In questo contesto, nella misura in cui si esaspera la differenza e si toglie la dimensione unitaria del fenomeno religioso in quanto tale, il rischio di uno scontro diventa più facile e anche possibile, soprattutto quando vengono a identificarsi obiettivi che, non essendo religiosi, richiedono che vengano mantenuti distinti. Elemento questo certamente più facile per il cristianesimo e più complesso per il mondo musulmano che vive direttamente l'identificazione tra la propria credenza e la struttura sociale e politica di riferimento.

Nonostante questa possibilità, non è lo scontro ciò che si intravede nell'immediato e neppure rappresenta la soluzione ai problemi che sono oggi sul tappeto. Ciò che merita essere preso in considerazione, invece, è una tappa che la Chiesa cattolica ha raggiunto progressivamente, permettendole di esprimere un impegno talmente maturo che merita di essere seguito. Se si leggono alcune pagine di papa Gregorio XVI nella *Mirari vos* e si mettono in confronto con quelle di *Dignitatis humanae* del Vaticano II è facile cogliere il passaggio che la Chiesa ha compiuto nel corso di un secolo. Essa ha saputo comprendere non solo l'importanza del

[16] È sufficiente fare riferimento al dibattito suscitato dai due libri di O. Fallaci per verificare la situazione; cfr. *La rabbia e l'orgoglio*, Rizzoli, Milano 2001; *La forza della ragione*, Rizzoli, Milano 2004.

« dialogo » come strumento di conoscenza tra le religioni e gli uomini, ma è stata capace di andare oltre; ha espresso, infatti, il suo convincimento nella *libertà religiosa* come forma di genuina maturazione dell'umanità[17].

Non è stato facile per la Chiesa questo percorso; eppure, lo ha compiuto. Che sia positivo lo mostra, tra l'altro, il fatto che essa viene riconosciuta nel mondo come garante di principi che l'umanità intera intende salvaguardare. Il 24 gennaio del 2002, Giovanni Paolo II incontrò ad Assisi i rappresentanti di diverse religioni. Scopo di quell'evento era evidenziare come le religioni non possono essere motivo di scontro sociale quando sono fedeli ai loro principi originari. In quella circostanza, prese la parola anche il Rabbino Arthur Schneier, Presidente di Appeal of Conscience Foundation, di New York, il quale, mettendo per un attimo in disparte gli appunti del suo discorso, iniziò in maniera del tutto informale l'intervento con queste parole: « Holy Father, only you, only you could bring all these people together (Santo Padre, solo Lei, Lei soltanto poteva riunire tutte queste persone) ». L'espressione colpisce non poco; al fondo, manifesta una profonda verità: chi avrebbe potuto farsi

[17] Basti leggere questa espressione per trovare un diretto riferimento: « Questo Concilio Vaticano dichiara che la persona umana ha il diritto alla libertà religiosa. Il contenuto di tale libertà è che tutti gli uomini devono essere immuni dalla coercizione da parte di singoli individui, di gruppi sociali e di qualsivoglia potestà umana, così che in materia religiosa nessuno sia forzato ad agire contro la sua coscienza né impedito, entro debiti limiti, di agire in conformità ad essa… il diritto alla libertà religiosa si fonda realmente sulla stessa dignità della persona umana… e deve essere riconosciuto e sancito come diritto civile nell'ordinamento giuridico della società » (*DH* 2).

carico di un incontro simile e ricevere un consenso così internazionale? Il problema non lo si risolve in maniera corretta se lo si identifica con l'indiscusso carisma di Giovanni Paolo II. Oltre a questo, è necessario intravedere il ruolo che la Chiesa svolge, la missione che interpreta e il messaggio che porta. Appare evidente che tutto questo non può essere imposto né da una sola persona né da uno Stato circoscritto in pochi chilometri quadrati. Ciò che le viene riconosciuto, piuttosto, è la sua capacità a saper guardare nell'intimo di ogni uomo e in ciò che l'umanità considera come riferimento normativo per il bene comune e il vivere internazionale.

Nella misura in cui anche le altre religioni seguiranno la via della promozione della libertà religiosa, allora si potranno diradare le nebbie di un conflitto e le religioni potranno svolgere un ruolo significativo nell'organigramma delle società e delle nazioni. È illusorio, da questa prospettiva, condividere la tesi avanzata da alcuni, secondo cui solo nella misura in cui le religioni si secolarizzano allora si salvano e riescono a conservare buoni rapporti di vicinato tra loro. È vero l'opposto: solo nella misura in cui le religioni rimangono tali, allora riescono ad aprirsi allo spazio veritativo che possiedono e, a partire da qui, iniziare il genuino cammino che deve necessariamente raggiungere la verità ultima sull'uomo e su Dio stesso, senza fermarsi alle sole ipotesi umane.

In questo incontro tra le religioni sono impegnati non solo i rispettivi capi, ma anche quanti hanno la responsabilità della rappresentanza pubblica, civile, politica e culturale. Le religioni, è bene ribadirlo, non sono affatto uguali e non sarà certamente il tentativo di un loro livellamento che permetterà una migliore coesistenza. Non si può condividere la formula obsoleta ed estranea alle religioni, secondo cui si deve raggiungere una forma di tolleranza reciproca. La tolleranza non è una categoria che appartiene alle religioni e quando viene assunta è foriera di grandi fraintendimenti. Essa tende a uniformare le posizioni e con le religioni, soprattutto quando queste si richiamano a un principio rivelativo, non solo non ha fortuna, ma le umilia. Il richiamo al trascendente e al divino, infatti, non si può assoggettare facilmente a un'imposizione di matrice sociale e politica.

Un principio più coerente del vivere tra le religioni viene espresso dall'apostolo Pietro quando scrive: «Siate sempre pronti a dare ragione della speranza che è in voi. Questo si faccia con dolcezza, rispetto e retta coscienza» (1Pt 3,15). Il testo permette di cogliere i punti salienti del nostro argomentare e del porsi nei confronti delle altre religioni, delle ideologie e dei sistemi della saggezza umana, pur con la pretesa veritativa della fede. Il «rispetto», di cui l'apostolo parla, è la categoria vincente. Tra la libertà inalienabile che ogni persona possiede di esprimere la sua religione e l'obbedienza richiesta dalla fede, è necessario porre il *rispetto*. Senza il rispetto la libertà religiosa sarebbe ridotta a pura teoria e l'obbedienza civile a un dibattito accademico. Il rispetto, al contrario, impone di rendere presente l'oggetto proprio che dà forma alla libertà e il fine per cui si obbedisce. Il rispetto, infatti, permette di raggiungere le ragioni convincenti per comunicare la libertà e l'obbedienza come un atto di piena responsabilità. In una parola, esso cerca di riportare unità, perché pone la domanda sulla *verità* e permette di focalizzare al meglio il *senso* dell'agire personale.

Rispetto, come si sa, deriva dal latino *respicere*; significa: saper guardare in profondità e all'essenza. Già il valore semantico orienta la mente a cercare di comprendere dove porre lo sguardo: perché la libertà sia autentica è necessario che si sappiano puntare gli occhi sulla verità; perché l'obbedienza sia una donazione genuina di sé all'altro è necessario che sappia raggiungere il vero. Non c'è via d'uscita da questo labirinto in cui ognuno è inserito. La libertà è pur sempre una chiamata alla verità; la parola di Gesù «la verità vi farà liberi» (Gv 8,32), ha retto con forza l'erosione del tempo e permane con la sua carica di senso intramontabile.

Questa dimensione appartiene da sempre alla fede cristiana. Gli apologeti, più di altri autori cristiani, hanno posto in essere il confronto con le altre religioni e culture, rifacendosi a questo comando dell'apostolo. Le loro opere sono patrimonio dell'umanità e attestano lo spirito con cui sono state composte. La teoria di alcuni di loro, secondo cui in tutte le religioni come pure nei diversi sistemi di pensiero vi era la presenza di *logoi spermatikoi*, sta a dimostrare quanto di bello, buono e vero essi ritrovavano nell'agire umano come riflesso della bellezza, bontà e verità divina. Per questo motivo, tutto doveva essere coltivato, non soppresso; ogni uomo, infatti, aveva il diritto e il dovere di ricercare la verità sulla propria vita, in maniera conforme alla sua natura e alla cultura in cui era inserito. Ritornano cariche di significato, a secoli di distanza, le parole del Concilio sulla libertà religiosa: «La verità non si impone che in virtù della stessa verità, la quale si diffonde nelle menti soavemente e insieme con vigore» (*Dignitatis humanae*, n. 1).

Come si nota, ciò che contraddistingue la presenza cristiana è il porsi dinanzi ai popoli, alle culture e alle religioni alla luce di questo comando dell'apostolo; senza per questo venire meno al principio che le è stata donata la verità ultima su Dio e sull'uomo che deve partecipare a tutti. Con ragione, Giovanni Paolo II ha potuto scrivere: «Credere nella possibilità di conoscere una verità universalmente valida non è minimamente fonte di intolleranza; al contrario, è condizione necessaria per un sincero e autentico dialogo tra le persone. Solamente a questa condizione è possibile superare le divisioni e percorrere insieme il cammino verso la verità tutta intera, seguendo quei sentieri che solo lo Spirito del Signore risorto conosce» (*Fides et ratio*, n. 92). È questa la forza di convincimento che contraddistingue la fede ed è la caratteristica della sua credibilità. È la spinta trainante che ha ispirato le culture con cui si è incontrata, formato i popoli che fino ad oggi conservano la fede e hanno trovato in essa la forza per non stancarsi di progettare il futuro. La strada che si è chiamati a percorrere non è semplice. Le sfide che si pongono su questo cammino richiedono di essere affrontate, analizzate e studiate in modo tale da creare una progettualità che possa corrispondere a un vero progresso per tutti. Un compito peculiare, comunque, è chiesto: evitare di camminare da soli. Noi non potremmo farlo, non ne siamo capaci, per natura siamo *cattolici*, cioè aperti a tutti e desiderosi di accompagnarci ad ognuno per offrire a tutti la compagnia della fede.

Al termine di questa breve panoramica, ritorna spontanea la domanda iniziale: ha ancora senso oggi credere in Gesù Cristo?

Capitolo II

LA FEDE VIENE DALL'AMORE

«Piacque a Dio nella sua bontà e sapienza rivelare se stesso e manifestare il mistero della sua volontà, mediante il quale gli uomini per mezzo di Cristo, Verbo fatto carne, hanno accesso al Padre nello Spirito Santo e sono resi partecipi della divina natura. Con questa rivelazione infatti Dio invisibile nel suo grande amore parla agli uomini come ad amici e si intrattiene con essi, per invitarli e ammetterli alla comunione con sé» (*DV* 2). Con queste parole i Padri conciliari hanno voluto esprimere la natura della rivelazione divina[1]. È facile cogliere l'istanza sottostante che tende a mostrare l'iniziativa divina come un atto di amore. Il linguaggio stesso che viene usato orienta a questa interpretazione. La rivelazione si presenta come un evento che scaturisce dalla «bontà» di Dio, si realizza in un colloquio fatto di «amore» con il quale il Padre si intrattiene con gli uomini e li invita a partecipare della sua stessa vita trinitaria che è fatta di «comunione». I tre termini sono sinonimi dell'amore e permettono di concludere che la rivelazione di Dio ha origine in un atto di amore,

[1] Imponente la bibliografia in proposito; si rimanda al nostro *La rivelazione: evento e credibilità*, EDB, Bologna 2002[8], pp. 81-139, con bibliografia annessa; e all'ultimo studio in proposito in questa stessa collana C. Dotolo, *La rivelazione cristiana. Parola, evento, mistero*, Paoline Editoriale Libri, Milano 2002.

si sviluppa nella storia come amore ed è finalizzata a una vita di amore.

Nel momento in cui gli stessi Padri conciliari dovevano definire la fede, sempre nella stessa costituzione *Dei Verbum*, non potevano prescindere dalla nuova concezione di rivelazione che avevano offerto. Citando quasi alla lettera il testo del Concilio Vaticano I, la fede viene riletta come un genuino atto di amore: « A Dio che si rivela è dovuta l'obbedienza della fede, con la quale l'uomo gli si abbandona tutt'intero e liberamente prestandogli il pieno ossequio dell'intelletto e della volontà e assentendo volontariamente alla rivelazione che egli fa » (*DV* 5). Come si nota, l'obbedienza della fede diventa un atto di « abbandono » in Dio; atteggiamento peculiare di chi, sentendosi amato, corrisponde affidando tutto se stesso. Interpellato nell'amore, l'uomo risponde con l'amore e compie l'atto antropologicamente più significativo quale quello di affidare se stesso al mistero che gli viene incontro.

Il testo di *Dei Verbum* permette di consolidare l'impostazione che ci siamo proposti ed evidenzia ulteriormente i tratti di originalità che possono scaturire nel seguire questa strada. Aver posto la domanda di senso nell'orizzonte dell'amore pone delle inevitabili conseguenze sul piano teologico del tema della fede. Se la risposta di senso, infatti, si realizza in quello spazio dell'amore che vince la morte, anche la fede dovrà essere ridisegnata sullo stesso orizzonte per permettere di cogliere maggiormente l'intreccio armonico che si snoda tra i due nell'atto di corrispondere alla richiesta di senso. Esiste, infatti, un inscindibile legame tra amore e fede che permette di vedere sempre l'uno in relazione reciproca con l'altro. Solo in questo modo è possibile verificare come la fede sia a fondamento di quel desiderio di pienezza che l'uomo desidera e come l'amore lo realizzi e porti a compimento. È necessario, pertanto, avanzare alcune considerazioni che permettano di vedere la relazione tra fede e amore e il loro reciproco apporto nella risposta alla domanda di senso.

1. Alle origini dell'amore

Non si sbaglia ritenendo che davanti alla domanda: «Che cos'è l'amore?», la risposta più diretta e universale che si riceve dica: «Dare la vita per la persona amata». Risposta coerente che mentre evidenzia il dramma della sua verità, mostra il lungo cammino che si è chiamati a percorrere per verificare la propria coerenza. Quando, infatti, si pronuncia un'espressione simile, si è di fronte a un linguaggio del tutto peculiare, quello *performativo*, che impegna chiunque a vivere di ciò che dice, pena il toccare con mano la propria contraddizione, l'incoerenza e il non senso del proprio esprimersi. Si è, comunque, talmente abituati a comprendere l'amore in quella accezione che si dimentica la sua origine e il significato profondo che è stato immesso in quel termine. Amare come equivalente del «dare la vita» proviene dalla rivelazione di Gesù Cristo che ha offerto la sua vita per tutti gli uomini, morendo in croce. Quanto questa concezione sia unica e originale lo mostra un breve confronto con la letteratura antica. Diventerà subito evidente l'apporto peculiare che su questo tema il cristianesimo ha immesso in tutte le culture, differenziandosi anche dalle altre religioni, e imprimendo uno sviluppo notevole nel progresso della civiltà.

Le riflessioni più significative dell'antichità sul tema dell'amore risalgono certamente a Platone e Aristotele; fino ad oggi, quelle pagine costituiscono un punto di riferimento imprescindibile per chi volesse comprendere la genesi del concetto e il suo sviluppo filosofico. Certamente, non sono stati loro i primi a parlare dell'amore; Empedocle ed Esiodo, già tempo prima, avevano lasciato pensieri memorabili circa il binomio amore-odio; alcuni dei loro pensieri mostrano quanto Eros fosse il vero dominatore del cuore e della saggezza umana e divina, mentre l'odio da parte sua sembrava regnare, assoggettando le genti alla violenza. È fuori dubbio, comunque, che va a Platone il merito di avere percepito il meglio della saggezza greca riguardo a questo tema. Sono ben noti i tre dialoghi dove il filosofo tratta dell'amore: *Liside*, *Simposio* e *Fedro* costituiscono una triade importante per accedere a una corretta interpretazione del suo pensiero. Una visione sintetica la si può ritrovare facilmente nel *Simposio*, nel famoso discorso di Socrate, dove si lascia trasparire che l'amore svolge nello stesso tempo una funzione mediatrice e di sintesi. Esso partecipa del buono e del male, della bellezza e della bruttezza, della saggezza e dell'ignoranza, della mortalità e dell'immortalità. In una parola, Amore è un demone, qualcosa che sta appunto in mezzo alle coppie di contrari.

Riprendere tra le mani il racconto del mito permette di cogliere più facilmente la tesi del filosofo: «Quando nacque Afrodite gli dèi tennero un banchetto e, fra gli altri, vi partecipò anche Poro (Espediente), figlio di Metidea (Sagacia). Ora, quando ebbero finito, arrivò Penia (Povertà) che si teneva vicino alla porta per mendicare qualcosa, visto che vi era stata gran festa. Poro, intanto, ubriaco di nettare, inoltratosi nel giardino di Giove, si addormentò sotto il peso del bere. A quel punto Penia, meditando se contro le sue miserie le sarebbe riuscito di avere un figlio da Poro, gli si sdraiò accanto e rimase incinta di Amore. Proprio così, Amore divenne compagno e seguace di Afrodite, perché fu concepito nel giorno della sua nascita; ecco perché per sua natura è amante del bello, in quanto anche Afrodite è bella. Dunque, come figlio di Poro e di Penia, ad Amore è capitato questo destino: anzitutto è sempre povero e, conforme alla natura della madre, ha sempre la miseria in casa. Ma da parte di padre è coraggioso, audace e risoluto, intento tutta la vita a filosofare»[2]. Nel suo coraggio, l'amore greco ha sempre bisogno di qualcosa che gli manca; sarà di volta in volta la bellezza, la bontà o la sapienza. Insomma, per usare le parole di Platone, amore è «desiderio di possedere il bene per sempre»[3], è tensione verso l'immortalità perché si scopre sempre legato alla povertà di questo mondo che è il suo stesso limite. Farà da eco a questa concezione Aristotele nella sua *Etica Nicomachea* dove si delineano i tre gradi dell'amicizia; quanto emerge è lo stretto legame che intercorre tra l'amore, la giustizia e la solidarietà[4]. La saggezza greca aveva posto le basi per identificare la grandezza e il limite dell'amore naturale; era necessaria la sapienza della rivelazione

[2] Platone, *Simposio*, 203b-d.
[3] *Ibidem*, 206a.
[4] Cfr. Aristotele, *Etica Nicomachea*, VIII-IX.

cristiana che, inglobando in sé il concetto, lo sviluppasse e finalizzasse verso un suo compimento definitivo, oltre la contraddizione personale, per renderlo universale[5].

2. Dio è amore

La rivelazione cristiana trova il suo punto culminante nell'espressione: «Dio è amore» (1Gv 4,8.10). Per la prima e unica volta in tutta la Scrittura, l'autore sacro sembra voler dare una definizione di Dio che non lasci spazio ad altre ulteriori formule. Diverse di queste sono facilmente riscontrabili nei vari testi del Nuovo Testamento; espressioni quali: «Io sono la luce» (Gv 9,5), «Io sono la verità» (Gv 14,6), «Io sono la vita» (Gv 11,25), portano con sé delle caratteristiche proprie di Dio. In questo caso, tuttavia, l'autore sacro intende fissare lo sguardo direttamente sulla natura stessa di Dio, sulla sua essenza, su ciò che lo qualifica come Dio. Un'analisi dettagliata mostrerebbe il profondo intento rivelativo che l'espressione possiede e la grande valenza significativa che vi è sottesa. Un rapido sguardo al testo, comunque, permette di introdursi più facilmente al suo contenuto.

Tutta la Prima lettera di san Giovanni sembra tendere a questo versetto e, per paradossale che possa sembrare, l'intero Nuovo Testamento assume una luce nuova a partire da questa espressione: «Dio è amore… e in questo sta l'amore: non siamo

[5] Cfr. C. Scilironi, *Destino e fede*, Edizioni Messaggero, Padova 1994, pp. 94-98.

stati noi ad amare Dio, ma è lui che ha amato noi». Per due volte in brevissimo spazio (vv. 8.10), l'evangelista ripete: «Dio è amore» e pone questo come fondamento dell'esistenza personale di ognuno; aggiunge, infatti: «Chiunque ama è nato da Dio e conosce Dio» (v. 7). L'essenza del Dio di Gesù Cristo, quindi, consiste nell'essere amore. Chi si apre ad esso e si lascia plasmare, riceve una vita nuova, quella che permette di essere generati da Dio, di entrare in relazione con lui e vivere della sua stessa vita. Questa vita di comunione, comunque, non è unidirezionale da Dio verso l'uomo; l'evangelista attesta che l'amore si sviluppa in una reale forma di reciprocità: «Dio è amore e chi rimane nell'amore rimane in Dio e Dio rimane in lui» (v. 16). Come dire: chi è amato da Dio diventa capace, a sua volta, di amarlo e di corrispondere al suo amore con quel germe di vita nuovo deposto in lui a motivo della fede.

L'evangelista, comunque, non si ferma a definire l'essenza di Dio; egli permette di compiere un passo ulteriore identificando anche la maniera con cui Dio ama. Se Dio è amore, infatti, ciò significa che ama; ma come ama Dio lo può rendere manifesto solo Dio. Ne deriva che il suo modo di amare diventa non solo il vero archetipo di ogni amore, ma anche il paradigma su cui coniugare ogni amore che voglia essere degno di questo nome. Viene ancora una volta in aiuto l'evangelista Giovanni quando nel suo vangelo indica esplicitamente questo modo di amare: «Dio infatti ha così amato il mondo da dare il suo figlio unigenito, perché chiunque crede in lui non muoia, ma abbia la vita eterna» (Gv 3,16). Questo versetto rappresenta un testo chiave di tutto il Nuovo Testamento. Se si considera il suo contesto immediato, si nota che Gesù, rispondendo all'obiezione di Nicodemo sulla possibilità di rinascere di nuovo, dice: «Nessuno è salito al cielo se non il figlio dell'uomo che è disceso dal cielo. E come Mosè innalzò il serpente nel deserto così è necessario che il figlio dell'uomo sia innalzato da terra perché chiunque crede in lui abbia la vita eterna» (Gv 3,13-15).

L'immagine del serpente innalzato da Mosè nel deserto dopo il tradimento del popolo, è assunta da Gesù per spiegare il senso della sua morte. Egli dovrà essere «innalzato» sulla croce perché, attraverso la sua morte, la salvezza promessa potrà essere finalmente realizzata. In questo contesto, il senso del nostro versetto acquista il valore di spiegazione (è introdotto da un «infatti») e, soprattutto, diventa più chiaro il significato del verbo «dare» il Figlio da parte del Padre. Una particolarità sintattica permette di interpretare l'uso del verbo «dare» (ἔδωκεν) in modo assoluto; vale a dire: dare tutto in maniera piena e totale[6]. Potremmo tradurre letteralmente il testo facendone emergere il senso sottostante: *Dio ama in questo modo: mandando a morte il suo unico figlio*! Come si nota, il senso del verbo «dare» possiede una totalità di donazione che non conosce confronto; l'incarnazione del Figlio, la sua attività terrena, la passione e la morte, tutto è un dono con il quale il Padre rivela il suo modo di amare. Insomma, Dio sa amare solo così: dando tutto se stesso, senza nulla chiedere in contraccambio. Una modalità di amore unica che solo

[6] Cfr. R. Schnackenburg, *Il vangelo di Giovanni*, vol. I, Paideia, Brescia 1973, pp. 564-569.

Dio poteva porre nel mondo, dando così inizio a una nuova espressività dell'amore tra gli uomini.

« Dio è amore », comunque, permette di accedere a un'ulteriore novità che costituisce il paradosso della fede cristiana. L'amore di Dio, infatti, non è un'idea astratta né un sentimento più o meno generico; esso si incarna in una persona che lo rende evidente nella sua vita e nella sua morte. L'amore ha un volto: Gesù di Nazaret. È in forza di questa identificazione che si possono comprendere alcune espressioni di Gesù che, altrimenti, risuonerebbero come offensive nei confronti degli uomini per la loro tracotanza e la superbia che rivestono: « Il Padre vi ama, perché voi mi amate » (Gv 16,27), « Vi do un comandamento nuovo: che vi amiate gli uni gli altri, come io ho amato voi, così amatevi anche voi gli uni gli altri » (Gv 13,34). Amatevi come io vi ho amato... Se queste parole sono state conservate nel corso dei secoli e sono state accolte come cariche di senso è perché ognuno vede in quell'uomo Dio stesso; non potrebbe essere altrimenti.

3. La morte di Gesù come amore

Ciò che rende unica la testimonianza di Gesù è racchiuso nell'evento della sua morte e nel significato che egli ha voluto dare ad essa. In questo contesto, non sarà da dimenticare, in primo luogo, l'estrema *libertà* con la quale Gesù si è posto dinanzi alla morte. « Per questo il Padre mi ama: perché io do la mia vita, per poi riprenderla di nuovo. Nessuno me la toglie, ma la do da me stesso perché ho il potere di darla e di riprenderla di nuovo » (Gv 10,17-18). Il testo contiene due idee centrali, correlative tra di loro: tutta la vita del Figlio è un'obbedienza alla volontà del Padre e al suo progetto di salvezza, per questo egli dona la sua vita. Nello stesso tempo, però, questa dimensione esprime anche la sua autorevolezza (ἐξουσία); egli, infatti, agisce con piena libertà soprattutto là dove dispone di sé e della sua vita. Offerta della propria vita e potere di darla e riprenderla, possono acquisire senso solo alla luce della volontà salvifica del Padre, del suo amore e della comunione che lega i due nel vincolo della Trinità. È interessante osservare dal punto di vista esegetico l'insistenza sul pronome personale «io» che crea maggior antitesi con «nessuno»; insomma, la decisione di Gesù è propriamente sua, è libera e voluta perché segnata dalla sua relazione unica con il Padre. Ciò che diventa evidente, in questo contesto, è il superamento della barriera della morte attraverso il potere di riprendere la vita in forza di un atto d'amore che è, appunto, l'obbedienza piena al Padre. Se si toglie l'orizzonte espressivo di questo testo si perde la possibilità di comprensione del valore salvifico della morte del Signore. La libertà che viene qui espressa è piena e totale, ma è posta nell'orizzonte obbedienziale alla volontà di Dio come corrispondenza di amore all'amore con il quale il Padre genera il Figlio.

La morte di Gesù, comunque, acquista il suo significato pieno solamente se inserita all'interno della tematica che affronta il modo con cui Dio rivela il suo amore. Fuori da questo orizzonte, infatti, risulterebbe un atto di violenza contro un innocente; potrebbe al massimo suscitare compassione, ma non verrebbe mai assunta come normativa per gli uomini che chiedono di dare senso alla contraddizione della morte. È la rivelazione che presenta

la passione e la morte di Gesù come l
ma dell'amore di Dio nella sua volon
l'umanità. Questa permane come il p
sostituibile della rivelazione cristian
ogni pensiero va a scontrarsi se non accoglie in sé la logica dell'amore. Con ragione, Giovanni Paolo II scrive: «Il Figlio di Dio crocifisso è l'evento storico contro cui s'infrange ogni tentativo della mente di costruire su argomentazioni soltanto umane una giustificazione sufficiente del senso dell'esistenza. Il vero punto nodale, che sfida ogni filosofia, è la morte in croce di Gesù Cristo. Qui, infatti, ogni tentativo di ridurre il piano salvifico del Padre a pura logica umana è destinato al fallimento. "Dov'è il sapiente? Dov'è il dotto? Dove mai il sottile ragionatore di questo mondo? Non ha forse Dio dimostrato stolta la sapienza di questo mondo?" (1Cor 1,20), si domanda con enfasi l'apostolo. Per ciò che Dio vuole realizzare non è più possibile la sola sapienza dell'uomo saggio, ma è richiesto un passaggio decisivo verso l'accoglienza di una novità radicale: "Dio ha scelto ciò che nel mondo è stolto per confondere i sapienti...; Dio ha scelto ciò che nel mondo è ignobile e disprezzato e ciò che è nulla per ridurre a nulla le cose che sono" (1Cor 1,27-28). La sapienza dell'uomo rifiuta di vedere nella propria debolezza il presupposto della sua forza; ma san Paolo non esita ad affermare: "Quando sono debole, è allora che sono forte" (2Cor 12,10). L'uomo non riesce a comprendere come la morte possa essere fonte di vita e di amore, ma Dio ha scelto per rivelare il mistero del suo disegno di salvezza proprio ciò che la ragione considera "follia" e "scandalo". Parlando il linguaggio dei filosofi suoi contemporanei, Paolo raggiunge il

culmine del suo insegnamento e del paradosso che vuole esprimere: "Dio ha scelto ciò che nel mondo è nulla per ridurre a nulla le cose che sono" (1Cor 1,28). Per esprimere la natura della gratuità dell'amore rivelato nella croce di Cristo, l'apostolo non ha timore di usare il linguaggio più radicale che i filosofi impiegavano nelle loro riflessioni su Dio. La ragione non può svuotare il mistero di amore che la Croce rappresenta, mentre la Croce può dare alla ragione la risposta ultima che essa cerca. Non la sapienza delle parole, ma la Parola della Sapienza è ciò che san Paolo pone come criterio di verità e, insieme, di salvezza» (*Fides et ratio*, n. 23).

La *kenosi*, come si nota, permane come il vero mistero di Dio nell'atto in cui entra nella storia e la redime. La croce, infatti, come evento ultimo della vita di Cristo non fa che rendere evidente le conseguenze dell'incarnazione con la quale il Figlio di Dio si fa uomo nel grembo della Vergine. Con ragione von Balthasar scrive che: «L'evento della croce può essere considerato solo sullo sfondo trinitario e solo nella fede può essere interpretato»[7]. Nell'innocente inchiodato sulla croce, che grida a Dio perché lo abbia abbandonato, viene rivelata agli uomini tutta la distanza che intercorre tra il Figlio e il Padre che lo ha inviato. In quel momento, infatti, Gesù il Figlio di Dio porta su di sé il peccato del mondo e sembra agli occhi degli uomini aver perduto il Padre che lo abbandona nelle mani dei suoi nemici e nell'oscurità della morte.

[7] H.U. von Balthasar, *Teodrammatica*, vol. IV: *L'azione*, Jaca Book, Milano 1986, p. 297; P. Martinelli, *La morte di Cristo come rivelazione dell'amore trinitario nella teologia di Hans Urs von Balthasar*, Jaca Book, Milano 1996, pp. 279-366.

Eppure, proprio dinanzi a questo abbandono nell'ora della morte, è possibile intravedere fin dove giunge l'amore di Dio. Nell'evento della morte di Gesù e nel significato che egli vi ha impresso, viene rivelata la stessa vita trinitaria; essa è vissuta come un eterno e totale autodonarsi, dove l'abbandono di sé è solo in vista della generazione. Il Padre è « padre » proprio perché non trattiene nulla per se stesso, ma tutto di sé dona al Figlio. Nel suo donarsi, egli non si autodistrugge perché per essenza è autodonazione d'amore. Alla stessa stregua, il Figlio è « figlio » perché possiede la divinità come un accoglimento pieno e totale di tutto ciò che gli viene offerto. Insieme, Padre e Figlio, spirano l'Amore come Terza Persona perché, per dirla con le parole di Bonaventura, Dio « non ha dato ancora tutto in tutti i modi in cui può dare »[8]. La spirazione dello Spirito Santo, quindi, non comporta che il Padre non abbia dato tutto generando il Figlio, ma che ancora non ha dato tutto *insieme* con il Figlio.

L'amore espresso come un « tutto dare », come si vede, non annulla la divinità; piuttosto rivela e rende manifesto il senso e il modo del dare come un partecipare pienamente e totalmente con la persona a cui tutto è stato dato. Pochi, nella storia della spiritualità, hanno saputo cogliere il senso profondo di questo amore come Giuliana di Norwich. Questa donna, poco più che trentenne, « semplice e illetterata », colpita da grave malattia che la condusse in fin di vita, nel corso di una settimana ricevette 16 visioni che rivelavano il senso

[8] Citato da H.U. von Balthasar, *Teologica*, vol. II: *Verità di Dio*, Jaca Book, Milano 1990, p. 141.

dell'amore di Cristo. Nelle sue parole ritroviamo l'originalità e la profondità del mistero: «Dal primo momento in cui ebbi queste rivelazioni, spesso desiderai sapere che cosa intendesse nostro Signore. Più di quindici anni dopo, mi fu data in risposta una comprensione spirituale e mi fu detto: "Bene, vorresti sapere, dunque, cosa ha inteso il tuo Signore e conoscere il senso di questa rivelazione? Sappilo bene: amore è ciò che lui ha inteso. Chi te lo rivela? L'amore. Che cosa ti rivela? Amore. Perché te lo rivela? Per amore. Rimani salda nell'amore e lo conoscerai sempre più a fondo. Ma in lui non conoscerai mai cose diverse da questa, per l'eternità...". Così imparai che nostro Signore significa amore. E io vidi, con assoluta certezza in questa visione e in tutto il resto, che Dio, prima ancora di crearci, ci ha amati di un amore che non è mai venuto meno né mai svanirà. E in questo amore egli ha fatto tutte le sue opere; e in questo amore ha fatto in modo che tutte le cose risultino utili per noi, e in questo amore la nostra vita dura per sempre. Nella nostra creazione abbiamo avuto un inizio, ma l'amore nel quale ci ha creati era in lui da sempre, senza principio. In questo amore noi abbiamo il nostro principio e tutto questo noi lo vedremo in Dio, senza fine. Allora il nostro buon Signore mi domandò: "Sei contenta che io abbia sofferto per te?". Io dissi: "Sì, buon Signore, e ti ringrazio moltissimo; sì, buon Signore, possa tu essere benedetto". Allora Gesù disse: "Se tu sei appagata, io sono contento. L'aver sofferto la passione per te è per me una gioia, una felicità, un gaudio eterno; e se potessi soffrire di più lo farei...". E in queste parole "se potessi soffrire di più lo farei", io vidi veramente che tutte le volte che potrebbe morire, egli morirebbe e l'amore non lo lascerebbe mai tranquillo fino a che non lo avesse fatto... Nel nome di questo amore egli disse con molta dolcezza queste parole "se potessi soffrire di più, soffrirei di più". Egli non disse: "Se fosse necessario soffrire di più", ma "Se io potessi soffrire di più", perché anche se non fosse necessario, ed egli potesse soffrire di più, lo farebbe»[9].

In questo contesto, si comprende meglio la parola di Gesù: «Tutto ciò che è tuo è mio» (Gv 17,10); essa esprime l'autoconsapevolezza che il Figlio possiede della sua piena partecipazione alla divinità. Dio, insomma, non può essere pensato, alla maniera ariana, come esistente prima di questa autoespropriazione e autodonazione al Figlio, come se volesse trattenere per sé qualcosa per sussistere come Padre nei confronti del Figlio: «Nell'amore del Padre si trova una rinuncia assoluta ad essere Dio solo per se stesso»[10]. Il Padre, il Figlio e lo Spirito Santo sono Amore di totale autodonazione come positiva forma dell'amore che nella libertà accoglie senza pretendere di voler essere l'altro. Qui sorge la forma dell'obbedienza filiale come essenza d'amore. In quanto questo amore è «infondato», cioè senza motivo, e solo frutto di sé nella libertà della donazione, esso possiede il suo senso plausibile e la sua credibilità piena[11], soprattutto perché si rivela come un amore che non è offerto solo a una cerchia di amici né a quanti era-

[9] Julian of Norwich, *Revelations of divine Love*, p. 97, trad. it. Giuliana di Norwich, *Libro delle rivelazioni*, Introduzione, traduzione e note di D. Pezzini, Àncora, Milano 1997², p. 320.

[10] H.U. von Balthasar, *Teologica*, vol. II, p. 301.

[11] Id., *Teodrammatica*, vol. II, p. 246; *Solo l'amore è credibile*, p. 85.

no nel giusto, ma è donato per coloro che rifiutano l'amore e ne negano l'esistenza. Il testo di Paolo possiede in questo contesto tutta la sua valenza di drammaticità: « Infatti, mentre noi eravamo ancora peccatori, Cristo morì per gli empi nel tempo stabilito. Ora, a stento si trova chi sia disposto a morire per un giusto; forse ci può essere chi ha il coraggio di morire per una persona dabbene. Ma Dio dimostra il suo amore verso di noi perché, mentre eravamo ancora peccatori, Cristo è morto per noi » (Rm 5,6-8).

Questa *kenosi*, originaria e unica, diventa il fondamento e il culmine del mistero a cui il credente è chiamato ad abbandonarsi; è da qui, infatti, che prende avvio la storia della salvezza personale. In quel « tutto dare » in quanto Padre e in quel « tutto ricevere » in quanto Figlio, si fonda la donazione d'amore di Dio all'uomo. Sono questi elementi dell'amore come totale, incondizionato e libero, che permettono di riconoscerlo nel mondo come un amore che può essere unico e proprio di Dio. Se così non fosse, il *Logos* dovrebbe abbandonare la pretesa di singolarità che avanza e porsi allo stesso livello dei *logoi* di altre religioni, filosofie o sapienze ataviche. Se, invece, questo amore divino trinitario si offre all'uomo e nella sua storia, così come si attua nella vita intratrinitaria, allora è posto nel mondo il criterio ultimo per riconoscere l'amore e aderire ad esso[12]. Il Figlio interpreta il Padre nello Spirito Santo come l'amore che dà tutto se stesso, per questo la sua pretesa di autorità somma e ultima si coniuga con la richiesta dell'obbedienza del-

[12] Cfr. A. Bellandi, *L'amore pienezza della fede. Solo la carità conosce*, Paoline Editoriale Libri, Milano 2004, pp. 170-172.

la fede in lui; anche questa obbedienza, infatti, manifesta ed esprime l'amore[13]. Questo amore, che non può essere misurato da niente e da nessuno se non dall'amore del Padre, permane come l'intima essenza del Dio rivelato da Gesù Cristo; è amore di libertà che chiama alla condivisione piena come forma di salvezza. Bonaventura aveva intravisto in maniera netta questa condizione quando scriveva nel suo *Itinerarium mentis in Deum* che: « Nessuno entra con coerenza nel mistero di Dio se non attraverso il Crocifisso ». La morte sacrificale del Figlio, pertanto, si esprime come amore che chiede di essere accolto e condiviso per poter andare oltre la morte e dare ad essa il suo senso ultimo.

Se Dio stesso non avesse partecipato di questa esperienza limite dell'uomo, ognuno avrebbe tra le mani un valido motivo per non credere; un alibi perfetto che nessuno potrebbe contestare. Si potrebbe obiettare a Dio, infatti, di non comprendere l'uomo nel momento della sofferenza, del dolore e della morte. Questo rimprovero a Dio, tuttavia, non può essere mosso e l'eventuale alibi si dissolve. In Gesù Cristo, egli ha sperimentato la sofferenza, il dolore, il tradimento, la solitudine e la morte; a questa esperienza, però, è stato impresso il sigillo dell'amore che, per dirla con le parole dell'apostolo: « tutto copre », « tutto sopporta » (1Cor 13,7). L'amore che Cristo ha rivelato, pertanto, non è paragonabile all'ultima parola che l'uomo dice di se stesso quando è giunto al culmine della sua esperienza; al contrario, esso è la parola conclusiva che Dio rivela di sé e, in forza di questo, si pone come prima e ultima parola che l'uomo

[13] Cfr. H.U. von Balthasar, *Solo l'amore è credibile*, pp. 58-59.

è invitato ad accogliere come senso definitivo per la sua vita[14].

Se tutto si fermasse alla morte in croce, avremmo certo raggiunto uno stadio altissimo della speculazione. Con ragione l'evangelista Marco pone sulle labbra del centurione – segno del non credente – l'attestazione di fede: «Veramente quest'uomo era il Figlio di Dio» (Mc 15,39), perché aveva visto Gesù morire «in quel modo», dando cioè tutto se stesso. La morte di Cristo, invece, cambia il significato della morte dell'uomo e indica la nuova strada che si è chiamati a percorrere. È sempre l'apostolo Paolo che attesta: «La morte è stata ingoiata per la vittoria» (1Cor 15,54). Il non senso della morte, dunque, viene superato dalla morte per amore, la quale libera la morte dalla «corruzione» per renderla un «passaggio» che conduce alla vera vita. Il tema caro al Cantico dei Cantici trova qui il suo riscontro concreto. L'efficacia dell'amore che va oltre la morte perché la vince, provoca e coinvolge l'uomo a un processo di fede che richiede la conversione per approdare a un nuovo senso della morte. Un bel testo del vescovo Baldovino di Canterbury († 1190) aiuta a entrare maggiormente all'interno di questa attualizzazione: «Forte è la morte perché è capace di privarci del dono della vita. Forte è l'amore, che è capace di ricondurci a un uso migliore della vita. Forte è la morte, che è in grado di spogliarci del vestito di questo corpo. Forte è l'amore, che è capace di strappare le nostre spoglie alla morte e restituircele. Forte è la morte a cui nessun uomo è in grado di resistere. Forte è l'amore al punto da

[14] Cfr. *ibidem*, p. 137.

trionfare su di essa, spuntarne il pungiglione, smorzarne la forza, vanificarne la vittoria. Verrà il tempo in cui sarà insultata, quando si potrà dire: Dov'è, o morte, il tuo pungiglione? Dov'è la tua forza? (cfr. Os 13,14; 1Cor 15,55). Forte come la morte è l'amore, perché l'amore di Cristo è la fine della morte. Perciò dice: Io sono la tua fine, o morte; io sarò il tuo flagello, o inferno (cfr. Os 13,14). L'amore che portiamo a Cristo, infatti, anch'esso è forte come la morte, perché deve essere una specie di morte, in quanto è distruzione della vecchia vita, abolizione dei vizi e abbandono delle opere morte. Sia questo amore una specie di contraccambio a Cristo, anche se dobbiamo ammettere che sarà sempre impari al suo amore per noi e come una sua sbiadita immagine. Egli, infatti, ci ha amato per primo e con l'esempio del suo amore è diventato per noi come un richiamo per renderci conformi alla sua immagine, spogliarci dell'uomo terreno e rivestirci dell'uomo celeste. Come ci ha amati così dobbiamo amarlo. Ci ha lasciato un esempio perché seguiamo le sue orme (cfr. 1Pt 2,21). Per questo dice: "Mettimi come sigillo sul tuo cuore" (Ct 8,6). Come se dicesse: Amami come io ti amo. Abbimi nella tua mente, nei tuoi ricordi, nei tuoi lamenti, nei tuoi gemiti. Non dimenticarti, o uomo, che da me viene tutto quello che sei. Ricorda come ti ho preferito a tutte le altre creature, a quale dignità ti ho innalzato, come ti ho coronato di gloria e di onore, come ti ho fatto poco meno degli angeli e tutto ho posto sotto i tuoi piedi (cfr. Sal 8,6-7). Ricordati non solo quanto ti ho donato, ma quante cose terribili e immeritate ho sofferto per te. Solo allora potrai capire quanto sei ingiusto verso di me, privandomi del tuo amore. Chi infatti ti ama come ti amo io? Chi ti ha creato, se non io? Chi ti ha redento, se non io?»[15].

Parlare in termini così radicali dell'evento della croce è possibile perché si ha certezza della risurrezione. Il mistero non si lascia frammentare, ma permane nella sua unità inscindibile, fonte di unicità e singolarità. La morte non ha bisogno di fede; essa appare nella sua drammaticità e violenza. La risurrezione, invece, richiede una certezza che proviene solo dalla fede di chi ama, per questo arriva per primo al sepolcro e comprende perché è vuoto (cfr. Gv 20,8). Ancora una volta, è necessario ricorrere al binomio fede-amore per comprendere il senso degli eventi. Senza la gloria della risurrezione, il Golgota rimarrebbe all'oscuro e le tenebre continuerebbero ad avvolgere la terra (cfr. Lc 23,44). Cristo Risorto consente che la vita offerta dalla croce possa straripare per raggiungere quanti non erano presso quel monte; essa si diffonde dovunque e l'aurora sembra non conoscere il tramonto.

4. Un amore originale

Una simile morte offerta come amore non ha riscontri nella storia precedente a Gesù di Nazaret. I pochi esempi che ci sono pervenuti risalgono alla leggenda e non possono essere interpretati sulla stessa lunghezza d'onda dato le vistose differenze. Gli elementi della tragedia riportano ad almeno tre esempi che meritano di essere ricordati. Il sacrificio di Antigone per permettere la sepoltura del fra-

[15] Baldovino di Canterbury, *Trattati*, 10; *PL* 204, 513-514.

tello Polinice contro il divieto di Creonte. L'offerta di Ifigenia, la figlia di Agamennone, necessaria per permettere agli Achei di lasciare l'Aulide e navigare alla volta di Troia. Prometeo, infine, che sfida Zeus pur di salvare l'umanità. Nei tre sacrifici manca sempre la componente dell'amore. Quello di Antigone è frutto della ribellione contro un decreto che si ritiene ingiusto, quello di Ifigenia è dettato dal desiderio di vincere una guerra, quello di Prometeo infine è segnato dall'eroicità contro il destino della morte. Non si potrebbe dimenticare il sacrificio di Socrate segnato primariamente dalla decisione di non piegare se stesso alle decisioni altrui. Ognuno di questi è certamente un esempio di eroismo che porta l'ideale platonico dell'amore al suo punto culminante; non è possibile, tuttavia, riscontrare l'ideale di amore incarnato da Gesù Cristo.

Un simile amore può diventare normativo per la sua gratuità e universalità che ha rivelato; viene accolto come puro dono e come condizione di possibilità per un contraccambio di amore che non potrà mai essere proporzionato a quello donato. La storia della Chiesa vede una moltitudine di uomini e donne di ogni età, che su questo amore hanno saputo coniugare la loro vita fino al dono totale di sé. I martiri, il cui numero è impossibile contare (cfr. Ap 7,9), offrono la testimonianza più coerente dell'amore cristiano e indicano la concreta attuazione della corrispondenza all'amore di Cristo. Su questo amore, infine, si fonda l'amore vicendevole e si attua il suo discernimento. Quando si afferma che la cosa più importante è «amare» si attesta una grande verità. Bisogna, però, essere capaci di assumere le conseguenze di questa affermazione. È necessario ammettere e capire che cosa sia l'amore! Ora, su quale metro si potrà misurare l'amore se non su quello che Dio ha rivelato nella vita di Gesù Cristo? L'amore non è una realtà di cui possiamo disporre a nostro piacimento; è vero il contrario. Noi dobbiamo essere disposti ad essere mossi dall'amore e a vivere in esso[16]. Riconoscere l'amore di Dio verso di noi, dunque, è ciò che costituisce l'inizio dell'esperienza di fede, perché mentre abilita ognuno alla partecipazione della vita di Dio, contemporaneamente apre l'orizzonte per riconoscere l'*altro* come parte integrante della propria esistenza: «se Dio ci ha amato, anche noi dobbiamo amarci gli uni gli altri» (1Gv 3,11)[17].

Il sentiero che si è tracciato non ha la pretesa di essere una soluzione teologica al grande tema del sorgere della fede, ma si pone come un tentativo per ricondurre in unità l'atto del credere e dell'amare; se si vuole, le parole del grande vescovo e martire Ignazio vengono a confermare questa scelta: «Quando queste due cose sono congiunte in unità, lì c'è Dio»[18]. L'amore, insomma, deve essere presente fin dall'inizio nella fede e non può divenire una sua appendice per indicare il fondamento dell'amore al prossimo. Senza l'amore, la fede soffocherebbe perché si troverebbe costantemente sotto il ricatto del dubbio, mentre inserita nell'amore vive della sua certezza e della sua verità. L'atto con il quale si crede, dunque, è già mosso dall'amore che spinge per ricercare il volto della

[16] H.U. von Balthasar, *Solo l'amore è credibile*, pp. 132-133; Id., *Cordula, ovverosia il caso serio*, Queriniana, Brescia 1968, p. 114.

[17] P. Coda, *L'agape come grazia e libertà*, Città Nuova, Roma 1994, pp. 73-80.

[18] Ignazio di Antiochia, *Lettera agli Efesini*, 14.

persona amata; anzi, è provocato a ricercarne le ragioni per cui ama.

È in questo legame, pertanto, che interviene l'atto più significativo e impegnativo per l'uomo: credere. La fede, infatti, si pone all'origine dell'amore come la condizione previa in grado di accogliere il mistero che l'amore esprime. Senza la fede, l'amore non potrebbe essere riconosciuto e nessuno potrebbe abbandonarsi nell'altro in un atto che chiede di consegnare pienamente la propria vita. Se qualcuno dovesse trattenere per sé parte della propria vita, l'amore non potrebbe neppure nascere; il sospetto regnerebbe nel rapporto e il dubbio non permetterebbe di costruire una nuova esistenza. Solo la fede sa riconoscere l'amore e solo l'amore si affida alla fede; la reciprocità è condizione di esistenza per l'uno e per l'altro. Lo ricorda con un'espressione felice R. Guardini quando scrive: « L'attitudine amante allarga lo sguardo della fede e, reciprocamente, più questo sguardo si afferma, più l'amore s'accresce e guadagna in chiarezza. Si può anche dire che la fede procede dall'amore e che l'amore procede dalla fede, perché a livello più profondo i due non fanno che uno: l'affermarsi del Dio vivente e pieno di grazia, nell'uomo vivente »[19]. In una parola: fede e amore o si coniugano insieme o insieme si dissolvono.

[19] R. Guardini, *La vita della fede*, Morcelliana, Brescia 1965, p. 71.

Capitolo III

ABBANDONARSI AL MISTERO

«C'è un infinito presente a tutti i nostri atti volontari; e questo infinito non possiamo da noi stessi contenerlo nella nostra riflessione, né riprodurlo con il nostro sforzo umano»[1]. Posta la realtà dell'amore, diventa più semplice il cammino che conduce a percepire la necessità di abbandonarsi ad esso. Questo abbandono è, a pieno titolo, la fede. Un atto che ha in sé dell'infinito e che, per alcuni versi, contiene l'infinito, perché è posto in essere da un movimento dell'infinito in noi. È questo il motivo per cui abbiamo introdotto il capitolo con l'espressione di M. Blondel; essa indica che in ogni analisi coerente dell'uomo e della sua attività, è possibile riscontrare un atto che lo qualifica in maniera del tutto peculiare. Nel credere, infatti, ognuno sperimenta la capacità di compiere un atto con il quale supera se stesso, vivendo da protagonista un'esperienza unica che lo immette nello spazio del divino. Niente meglio della Sacra Scrittura potrebbe introdurre in maniera più coerente alla comprensione della fede. In effetti, la Bibbia è il libro della fede; pagina dopo pagina vi si narra la storia della fede di un popolo che progressivamente, pur tra tante contraddizioni, ha seguito Dio in un cammino di salvezza. È significativo, a tal proposito, partire dalla

[1] M. Blondel, *L'Action (1893)*, Paris 1973, p. 418.

Lettera agli Ebrei dove l'autore sacro pone al centro della storia di fede la persona di Gesù definito come: «Autore e perfezionatore della fede» (Eb 12,2). A partire da lui, si comprende un'infinita storia di uomini e donne che hanno avuto fede, ritrovando nel mistero professato il senso di una vita. Da Abramo fino ai nostri giorni, ogni credente è inserito nella stessa storia e rende viva l'esperienza originaria universale, incarnandola in maniera unica nel frammento della propria vita.

1. Il cuore della fede

Non si potrebbe comprendere a pieno e in maniera coerente la fede cristiana se non si partisse proprio dall'aggettivo che la specifica. Essa si qualifica come fede in *Gesù Cristo*. In questi due termini si racchiude la storia della nostra fede, perché rendono presenti il mistero che non ha confronti: l'*incarnazione di Dio*. Dio che si fa uomo spezza ogni analogia con il mito antico e con le religioni universali; nessuno avrebbe mai potuto arrivare a tanto. Per questo motivo, l'apostolo Paolo non ha timore di attestare che «nella pienezza del tempo» (Gal 4,4) avvenne qualcosa di assolutamente unico e irrepetibile. L'incarnazione non è solo un momento della storia della salvezza; essa rappresenta il suo culmine e la sua definitività. Gesù Cristo si pone al centro della storia e sembra dividerla in due: prima di lui e dopo di lui; forse, senza neppure azzardare troppo, si potrebbe anche aggiungere con lui o contro di lui: «chi non è con me è contro di me» (Mt 12,30). L'evento è talmente unico che la mancanza di confronti non permette un giudizio, ma solo l'accettazione o il suo rifiuto. Non esiste neutralità alcuna davanti a questo uomo che attesta di essere Figlio di Dio; egli chiama tutti alla sua sequela, promettendo in cambio la vita eterna.

L'incarnazione di Dio, quindi, è il cuore della fede e l'inizio della sua professione. Essa parla di un mistero nascosto nei secoli, ma ora rivelato (cfr. Rm 16,25-26): Dio parla con gli uomini nella loro stessa lingua; agisce e opera in prima persona, diventando uno di loro[2]. Non lo fa prescindendo dall'umanità; al contrario, chiede a una donna la disponibilità della sua vita per diventare dimora del suo unico figlio che si fa uomo. Solo con l'obbedienza di Maria, da sempre protetta dallo Spirito per essere vergine madre, prende avvio il progetto di Dio (cfr. Lc 1,26-38). A partire da questo abbandono alla sua volontà, il Padre porta a compimento il suo progetto d'amore: rendere pienamente manifesta la sua natura e di nuovo riconciliare a sé l'umanità disgregata per la disobbedienza iniziale dell'uomo e della donna. Un progetto di amore che si rende manifesto nella vita di Gesù di Nazaret: la sua condivisione con gli abbandonati e i soli (cfr. Lc 9,58), la sua vicinanza ai peccatori e agli ultimi (cfr. Mt 21,31-32), la sua predicazione che si concentra nella misericordia senza limiti (cfr. Mt 18,12-14.21-35), i suoi miracoli destinati a quanti attendono da lui un segno d'amore (cfr. Mt 11,2-6) e, soprattutto, la sua passione e morte sono il linguaggio dell'amore del Padre. Chi crede alla

[2] Con parole espressive lo descrive il Concilio Vaticano II: «Con l'incarnazione il Figlio di Dio si è unito in certo modo a ogni uomo. Ha lavorato con mani d'uomo, ha pensato con mente d'uomo, ha agito con volontà d'uomo, ha amato con cuore d'uomo. Nascendo da Maria vergine, egli si è fatto veramente uno di noi, in tutto simile a noi fuorché nel peccato» (*GS* 22).

sua morte per amore, non potrà resistere nell'affidarsi al mistero di Pasqua che vede il suo sepolcro vuoto e lui ritornato in vita nella gloria di Dio. La fede pasquale, pertanto, comporta l'accettazione previa della sua persona come rivelatore del Padre e del suo messaggio come la rivelazione di Dio, senza essere un puro inizio privo di storia. L'incarnazione dice tutto questo e nell'unità del mistero rivela l'amore del Padre per l'umanità. Non si potrebbe comprendere la rivelazione di Dio in Gesù Cristo se non come amore. È questa la parola che segna il suo inizio e ne suggella il compimento. Dio che è amore (1Gv 4,8), rivela se stesso amando. Come si nota, non ci si allontana dalle pagine precedenti; tutto sembra rimanere ancorato fermamente al centro della rivelazione.

È necessario ora cogliere il senso profondo dell'espressione della Lettera agli Ebrei riguardo a Gesù «autore e perfezionatore» della fede (ἀρχηγός καὶ τελειωτής). Il titolo alquanto inusuale di «autore» applicato a Gesù si ritrova solo quattro volte in tutto il Nuovo Testamento. Egli viene chiamato: «autore della vita» (At 3,15), «autore e salvatore» (At 5,31), «autore della salvezza» (Eb 2,10) e, infine nel nostro testo, «autore della fede» (Eb 12,2). È interessante osservare che, nel caso in questione, l'autore della Lettera parla di «Gesù» e non di «Cristo»; la sottolineatura non è di poco conto perché mostra l'intenzione di descrivere l'agire di Gesù nella sua vita terrena senza voler fare riferimento alla sua preesistenza e glorificazione presso il Padre. È evidente che in questa situazione non è possibile applicare a lui la fede; la sua condizione di Figlio di Dio nato dal Padre e con lui chiamato a condividere la gloria non ha bisogno di fede. La questione, pertanto, si pone solo in riferimento alla vita di Gesù nello svolgimento dei suoi 33 anni. Da questa prospettiva, si deve valutare il significato del termine greco ἀρχηγός che possiede una duplice possibilità di traduzione. Esso può voler dire «autore» ma anche «pioniere». Se viene compreso nel primo senso, allora non si può affermare che Gesù abbia avuto fede; lui, infatti, non è un semplice credente, ma colui che abilita a credere. Nella seconda interpretazione, invece, egli sarebbe considerato come il «primo dei credenti»; con questo senso, però, contraddice la Lettera stessa che lo pone a conclusione di una lunga lista e non ammette l'accezione secondo cui sarebbe da considerare il primo ad avere una fede perfetta; la forzatura del testo sarebbe troppo evidente.

Parlando di Gesù come «autore» della fede, quindi, l'autore sacro intende insegnare che egli sta all'origine di ogni autentico atteggiamento di fede; ne è l'«iniziatore» e il «perfezionatore», perché costituisce il punto vitale dell'incontro tra Dio e l'umanità, realizzando in se stesso la «riconciliazione» con il Padre. In lui, quindi, tutti gli esempi di fede del passato trovano non solo sintesi, ma senso e perfezione (cfr. Eb 11,4-39); lui diviene il vero iniziatore perché *dà origine* alla fede (ἀρχηγός) e perciò stesso la *porta a compimento* (τελειωτής), perché a partire da lui la fede in Dio è rivestita della forma che il Padre ha voluto esprimere nella persona del Figlio: amore totale e disinteressato che si dona in piena obbedienza e fedeltà alla sua volontà salvifica[3].

[3] Cfr. A. Vanhoye, *La fede di Gesù? A proposito di Ebrei 12,2: «Gesù autore e perfezionatore della fede»*, in *PATH* 2 (2003), 401-415.

In questo contesto, si chiarifica da sé un'espressione tanto sintomatica e pregnante quanto ambigua: la *fede di Gesù*. Comprendere correttamente l'espressione comporta, anzitutto, chiarificare che, in riferimento a Gesù, il termine fede non può e non ha lo stesso significato di quando viene applicato ai credenti. La fede di Gesù fa riferimento alla sua piena obbedienza nei confronti della volontà del Padre, con il quale egli possiede una relazione del tutto unica e singolare quale quella di Figlio unigenito[4]. Difficile descrivere in linguaggio umano la realtà intratrinitaria di questa relazione; la cosa diventa possibile, pur nella limitatezza del linguaggio, se si colgono alcuni aspetti peculiari della vita di Gesù. Quanto emerge dalle sue parole e dalle sue azioni mostra la consapevolezza di non voler agire da solo, ma in sintonia piena con la volontà di Dio (cfr. Gv 6,38); a lui si affida totalmente fino alla morte, nella certezza che il Padre non lo abbandonerà in potere delle tenebre (cfr. Mc 8,31; 9,31; 10,34; Gv 5,26). Le parole e le opere che compie sono le stesse che ha udito e visto compiere presso il Padre (cfr. Gv 5,19.36), a tal punto che nulla egli anticipa di ciò che il piano di Dio ha stabilito (cfr. Mc 13,32; Gv 2,4). Il non disporre di sé, ma lasciare che il Padre intervenga in tutto è la nota costante e immutabile che si riscontra come comportamento di Gesù; la sua fiducia incondizionata al Padre (cfr. Mt 19,7; Lc 18,19) è la sorgente di ogni suo miracolo e di ogni suo messaggio. Questi tratti

[4] Cfr. H.U. von Balthasar, *Fides Christi*, in *Sponsa Verbi*, Morcelliana, Brescia 1972, pp. 41-72; F.G. Brambilla, *Gesù autore e perfezionatore della fede*, in G. Canobbio (a cura di), *La fede di Gesù*, EDB, Bologna 2000, pp. 79-99.

meritano di essere integrati da un ulteriore elemento che qualifica la personalità di Gesù: la sua piena libertà e la sua autorità. Queste caratteristiche non influiscono in maniera contraddittoria sull'obbedienza totale al Padre, ma rivelano la sua singolare unicità di essere il Figlio di Dio. Se da una parte, quindi, i tratti della sua obbedienza riconducono all'atteggiamento di fede che il credente è chiamato a porre in atto nei confronti di Dio e per questo si può parlare di fede *di* Gesù, dall'altra, la sua autorità e libertà che gli provengono dall'essere Figlio, pongono la condizione per comprendere la sua pretesa nei confronti dei discepoli a seguirlo e a credere in lui e nella sua parola. Ciò permette di concludere, pertanto, che la formula preferibile sia quella di fede *in* Gesù[5]. Egli, dunque, rende possibile la fede in Dio e la legittima; chi vuole essere suo discepolo, infatti, deve professare la fede *in* lui come Figlio del Padre, suo rivelatore e compimento delle sue promesse.

[5] Si deve osservare, in questo senso, che anche quando si trova la formula πίστις Χριστοῦ, la traduzione più coerente è «fede *in* Cristo» e non «fede *di* Cristo». È evidente che il dibattito esegetico resta sempre aperto nell'interpretazione del genitivo, ricordando che non si dovrebbe, comunque, prescindere dal senso teologico che l'espressione comporta. Non condividiamo l'eccessiva sottolineatura che emerge nel saggio di G. Canobbio (a cura di), *La fede di Gesù*, circa l'esemplarità della «fede *di* Gesù». La tesi è parziale e non valuta teologicamente gli aspetti propri della *fides quae*, che vengono di fatto marginalizzati in favore della fede fiduciale. Da questa prospettiva, inoltre, permane carica di insegnamento la visione di san Tommaso: «Poiché Cristo fin dal primo istante del suo concepimento ha visto Dio pienamente *per essentiam* in nessun modo la fede è potuta essere in lui», STh III, q. 7, a. 3; cfr. pure D. Vitali, *Esistenza cristiana. Fede, speranza e carità*, Queriniana, Brescia 2001, pp. 173-186; P. Coda, *Fede di Gesù? Una* quaestio disputata *ancora attuale a partire dalla risposta di Tommaso d'Aquino*, in *Lateranum* 70 (2004), 511-532.

2. Il valore semantico

Essere partiti da Gesù Cristo non preclude la strada per comprendere meglio il concetto di fede nella Sacra Scrittura. L'autore sacro, d'altronde, invitando a tenere fisso lo sguardo su di lui in quanto «autore» della fede, obbligava a questo percorso. La stessa evoluzione semantica, comunque, mostra che il vero punto di partenza deve necessariamente essere ricondotto a Dio. Alla luce di quanto si è visto in precedenza, quindi, è possibile ripercorrere la Sacra Scrittura per verificare il senso di un cammino che porta a identificare l'atto del credere.

Un rapido sguardo alla terminologia mostra immediatamente che il termine fede (πίστις), così come viene interpretato dal Nuovo Testamento, non trova un vero parallelo nell'Antico Testamento[6]. Il termine *'emuna* è il più vicino; prima ancora di indicare la fede, comunque, esso esprime l'onestà, la verità e la lealtà. In questo senso, il termine viene applicato anzitutto all'agire di Dio e alla sua fedeltà nel mantenere le promesse fatte: «Riconoscete che il Signore vostro Dio è Dio, un Dio fedele che

[6] Nonostante questo, esso rimane il più immediato e coerente perché «è nell'uso di questa radice (*'emin*) che si manifesta l'aspetto particolare e anche più profondo del concetto di fede dell'Antico Testamento», A. Weiser, *πιστέυω*, in *Grande Lessico del Nuovo Testamento*, vol. X, Paideia, Brescia 1975, p. 398. L'analisi così precisa di Weiser permette di verificare il punto debole della tesi di M. Buber quando sostiene che nella Bibbia sono presenti due concetti di fede completamente distinti e inconciliabili tra loro: quello veterotestamentario di *'emuna*, che indica l'atteggiamento dell'israelita davanti a Jhwh e quello di πίστις, proprio del Nuovo Testamento, che indica, invece, un insieme di contenuti che devono essere accettati; cfr. M. Buber, *Due tipi di fede*, San Paolo, Cinisello Balsamo (Mi) 1995.

mantiene la sua alleanza e benevolenza per mille generazioni» (Dt 7,9); Is 49,7: «Dice il Signore, il redentore di Israele, il suo Santo, a colui la cui vita è disprezzata, al reietto delle nazioni, al servo dei potenti: "I re vedranno e si alzeranno in piedi, i principi vedranno e si prostreranno, a causa del Signore che è fedele, a causa del Santo di Israele che ti ha scelto"». Ciò che si vuole indicare con *emeth*, quindi, è quanto proviene dalle mani di Jhwh: i suoi precetti (Sal 111,7), la sua legge (Sal 19,10); insomma, *'emuna* è ciò che rende Dio, Dio e ciò che permette di riconoscerlo. Per ritrovare una più stretta verosimiglianza con quanto il nostro linguaggio sintetizza semplicemente nel «credere» è necessario fare riferimento a diversi verbi con i quali l'Antico Testamento esprime la complessità della fede: rifugiarsi, attendere, confidare, sperare, trovare riparo, avere timore... sono tutte espressioni che si rincorrono e che solo insieme permettono di avere una qualche idea della fede per l'antico israelita.

La radice originaria del credere, comunque, si ritrova nell'ebraico *'aman* che indica «essere saldo», «stabile», «sicuro». Se nell'uso comune della lingua «credere» equivale ad appoggiarsi su qualcuno che offre garanzie (Gen 45,26), riferito a Jhwh, invece, esprime l'atto dell'abbandono totale e fiducioso in lui, perché lo si scopre come un Dio geloso e fedele[7]. I libri dei Salmi e dei Profeti vengono maggiormente in aiuto alla nostra problematica; qui, infatti, si solidifica il significato del credere. Insieme all'atto di abbandono in Dio, si esplicita sempre più la necessità di accogliere an-

[7] Cfr. A. Weiser, *πιστεύω*, in *GLNT*, vol. X, pp. 360-384.

che i suoi comandi e di vivere in essi come segno del patrimonio della fede comune. Insomma, anche l'Antico Testamento conosce un progressivo sviluppo della tematica che la sola analisi semantica non consente di recepire per intero. Solo una lettura sincronica, pertanto, permette di accedere a una visione del credere la più coerente possibile. Essa trova riscontro, in primo luogo, nel riconoscere e accogliere la rivelazione di Dio nel suo andare incontro all'uomo; entrare all'interno della sfera di questa relazione mutua è già «credere». Questo rapporto di relazione reciproca, comunque, è realizzato in maniera tale che, per sua stessa natura, implica che sia sempre Dio a iniziare il processo di relazione verso l'uomo, mai il contrario[8]. In questo rapporto, che è fede, si innesta il concetto cardine della fede biblica: l'unicità ed esclusività del rapporto con Dio. L'intera esistenza personale deve essere posta nel solco del rapporto con Jhwh; il cuore del credente deve essere «indiviso» (Os 10,2). Egli è chiamato ad amare Dio «con tutto il cuore e con tutta l'anima» (Dt 6,5); insomma, la dedizione interna dell'uomo e la globalità della sua esistenza sono ricomposte nella fede in Jhwh e la qualificano come tale. Fuori da questo orizzonte, rimane solo il tradimento dell'uomo e la sua apostasia verso altri dèi; in una parola, il peccato di chi ha abbandonato Dio e per questo cade nell'incapacità di ritrovare unità nella propria esistenza. Il cuore diventa «diviso», incapace di amare e alla fine sfocia nella solitudine della morte.

[8] *Ibidem*, p. 373.

3. Abramo credette a Dio

In Abramo si riconoscono i tratti fondamentali del credere che hanno superato il tempo e le stesse religioni per divenire icona della vera fede. Non è un caso che il *Canone Romano* faccia pregare il popolo di Dio con le parole che riportano alla fede di Abramo definito come «nostro padre nella fede». Egli rimarrà sempre come colui che si fidò di Dio e ottenne il compimento della promessa. Il *Talmud*, anzi, afferma che se Noè avesse avuto la fede di Abramo non ci sarebbe stato il diluvio universale! La sua fede, infatti, si fa anche dialogo temerario con Dio e intercessione presso di lui. Quanto possiamo dire sulla fede dell'uomo biblico e di ogni tempo, lo si ritrova in Abramo; una rivisitazione del testo di Genesi può permettere di scoprire una ricchezza inimmaginabile per il nostro tema, soprattutto se riletto alla luce della Lettera agli Ebrei: «Per fede Abramo, messo alla prova, offrì Isacco e proprio lui, che aveva ricevute le promesse, offrì il suo unico figlio del quale era stato detto: in Isacco avrai una discendenza che porterà il tuo nome. Egli pensava infatti che Dio è capace di far risorgere anche dai morti: per questo lo riebbe e fu come un simbolo» (Eb 11,17-19)[9].

Un primo motivo della fede di Abramo viene ricondotto dall'autore della Lettera agli Ebrei al fatto che Dio volle «metterlo alla prova». Il concetto biblico di *peirasmós* (πειρασμός) è alquanto inte-

[9] Per le successive considerazioni siamo debitori alla riflessione di B. Costacurta, *Abramo e l'esperienza della fede*, in H. Alphonso (a cura di), *Esperienza e spiritualità*, Roma 1995, pp. 15-28.

ressante in proposito; esso sta a indicare il rapporto che l'uomo ha con Dio. Il « mettere alla prova » consiste nell'arrivare a comprendere che Dio è Dio e non un uomo. Quando Dio « mette alla prova » significa che vuole comprendere se l'uomo si fida di lui, se accetta di uscire da se stesso e dalle sue certezze per farsi forte solo della sua parola. « Mettere alla prova », insomma, è fidarsi di ciò che non si vede; per dirla con le parole dell'autore della Lettera agli Ebrei, è possedere la « prova delle cose che non si vedono » (Eb 12,1), proprio perché ci si abbandona a Dio. Dio chiede, quindi, ad Abramo di fidarsi, di camminare con lui per i sentieri che lui ha scelto di fargli percorrere; per alcuni versi, Abramo è chiamato al paradosso supremo della fede: verificare che Dio si contraddice con la sua promessa! Dio, infatti, promette ad Abramo che avrà un figlio e sarà l'inizio di una lunga genealogia; eppure, la storia del patriarca, a un certo punto, dovrà toccare con mano la contraddizione della parola data. È utile ripercorrere brevemente il racconto biblico.

Abramo può contemplare il frutto della promessa; a differenza di Sara che aveva sorriso prendendosi gioco dei messaggeri di Dio (Gen 18,12), lui aveva creduto subito alla parola del Signore. Isacco nasce e, cosa ancora più importante, supera lo svezzamento ritenuto il periodo più delicato per il bambino. Ormai la prova è superata; Abramo ha davvero un figlio da Sara. Isacco esprime veramente ciò che il suo nome indica: *Dio ride*! Jhwh, quindi, è davvero fedele. Abramo ha fatto bene a fidarsi di lui. Ora, però, viene realmente il momento di verificare la sua fede; adesso è posto dinanzi a Dio che chiama e lo mette alla prova. « Prendi tuo figlio, il tuo unico figlio che ami, Isacco, va' nel territorio di Moria e offrilo in olocausto su di un monte che io ti indicherò» (Gen 22,2). È interessante entrare nel merito di questo versetto, così come lo ha letto la tradizione giudaica. Il racconto è un crescendo di intensità; nasconde, forse, un supposto dialogo che Abramo instaura con Jhwh, così come aveva fatto in un'altra circostanza quando era intervenuto per salvare la vita degli abitanti di Sodoma (cfr. Gen 18,22-32). Potrebbe essere facilmente interpretato in questo modo: Dio parlò ad Abramo: «Abramo, prendi *tuo figlio*»; Abramo rispose: «Signore, tu lo sai, io non ho un solo figlio, ne ho altri». Allora Jhwh disse: «Abramo, il tuo *unico* figlio»; rispose ancora Abramo: «Signore, tutti e due sono unici: uno è di Sara e l'altro è di Agar!». Replicò il Signore: «Abramo, quello che *ami*»; di nuovo Abramo prese la parola: «Signore, li amo tutti e due». E Dio disse: «Abramo, prendi *Isacco*!». Qui inizia la notte oscura di Abramo. Egli entra nell'angoscia, nel buio, nella morte; perché se non c'è più il figlio, non esiste più neppure il padre. All'inizio Abramo poteva far finta di non capire... il suo era un non volere ciò che Dio gli chiedeva; eppure, dinanzi al sacrificio supremo, Abramo obbedisce.

Un'obbedienza nel dolore che diventa chiara immediatamente dallo svolgersi della scena descritta dalla Genesi: «Abramo si alzò di buon mattino, sellò l'asino, prese con sé due servi e il figlio Isacco, spaccò la legna per l'olocausto e si mise in viaggio» (Gen 22,3). L'intera descrizione lascia a desiderare; tutto è fuori posto, non c'è consequenzialità nelle azioni che dovrebbero avere una loro logica interna... la cosa che sorprende è che la preparazione della legna per l'olocausto viene lasciata per ultimo. Abramo sembra non voler arrivare a quel punto; sa, tuttavia, che deve farlo perché è Dio che lo chiede. Stare alla sua presenza significa proprio questo: toccare con mano fin dove Dio vuole arrivare. In tutta questa descrizione, tuttavia, manca ciò che tutti si aspetterebbero: la lamentela di Abramo. È umano che dinanzi a una simile richiesta non esca dalle sue labbra una parola di sconforto, di dubbio e di incertezza? La tragedia greca ha pagine intense nel momento in cui, ad esempio, viene chiesto ad Agamennone di sacrificare la figlia Ifigenia. Un'interpretazione potrebbe venire da quanto scriveva in proposito Kierkegaard: «Di Abramo, nessuna lamentela… credette e per questo egli è giovane. Perché colui che spera sempre la cosa migliore, costui invecchia perché è deluso dalla vita; chi si tiene sempre pronto al peggio, costui invecchia precocemente; ma colui che crede, conserva una perenne giovinezza»[10]. L'obbedienza di Abramo, come si vede, è fatta nel silenzio e nel dolore; è la scelta di un adulto che non si lascia andare a recriminazioni di sorta nei confronti di quel Dio che lo aveva chiamato. Il viaggio è fatto nel silenzio; nessuno parla, nulla viene riferito di come Abramo si avviò verso il monte Moria; tutto sembra essere avvolto nella tristezza di una domanda che permane sullo sfondo senza ricevere risposta: perché Dio chiede il sacrificio di Isacco?

Si arriva, ora, verso il luogo del sacrificio: «Allora Abramo disse ai suoi servi: fermatevi qui con l'asino; io e il ragazzo andremo fin lassù, ci prostreremo e poi ritorneremo da voi» (Gen 22,5). Il versetto, pur nella sua essenzialità, permette di cogliere lo stato d'ani-

[10] S. Kierkegaard, *Timore e tremore*, Rizzoli, Milano 1995, p. 21.

mo di Abramo; due osservazioni si impongono. Abramo, anzitutto, non chiama più Isacco per nome; dice solo: «il ragazzo». Non vi è solo l'indicazione della sua giovane età; si dice qualcosa di più. Sembra dire, infatti, che quel figlio si appresta a non essere più tale; è una separazione progressiva quella che Abramo pone in essere, tra poco non sarà più padre. Si deve osservare, inoltre, l'uso al plurale del verbo «ritorneremo». Come è possibile? Abramo sa che è giunto fino a quel punto per il sacrificio di Isacco; eppure, nel fondo del suo cuore, egli sembra avere certezza che Dio farà qualcosa. Il desiderio ultimo che manifesta è quello di ritornare con il figlio; la fede si apre alla certezza della speranza che non viene definita, ma non per questo è meno reale e presente. La fede di Abramo rimane ancorata nella speranza in Dio che compirà qualcosa di grande. Ritorna la domanda di fondo: perché Abramo è chiamato a questo momento drammatico della sua vita? È sempre Kierkegaard che propone la risposta più coerente: «Perché Abramo lo fa? In nome di Dio ed è del tutto identico, in questo caso, in nome proprio. Lo fa in nome di Dio, perché Dio esige questa prova della sua fede; lo fa in nome proprio per poter portare questa prova. L'umiltà è espressa benissimo dall'espressione con cui sempre si indica questa situazione: è una prova, una tentazione. Una tentazione, ma questo cosa vuol dire? Vuol dire di solito ciò che vuole distogliere l'uomo dal compiere il proprio dovere: ma qui la tentazione è la stessa etica che vuol distogliere l'uomo dal fare la volontà di Dio»[11].

Il colloquio tra padre e figlio, a questo punto, riveste una nota di drammaticità. Abramo vuole sal-

[11] *Ibidem*, p. 48.

vaguardare Isacco fino alla fine: lui non deve sapere nulla del sacrificio, ma non deve neppure toccare i segni pericolosi di cui il padre dispone; fuoco e coltello, infatti, rimangono nelle mani più affidabili del padre. La narrazione permette di verificare un ultimo tratto. Alla domanda ingenua di Isacco riguardo l'offerta sacrificale, il padre risponde: «Dio stesso provvederà l'agnello, figlio mio» (Gen 22,8). Una particolarità grammaticale può aiutare a cogliere il senso più profondo del testo. Nella lingua ebraica, in presenza del possessivo non si ha l'articolo; il vocativo, pertanto, potrebbe essere un complemento oggetto. Ne deriverebbe questa formulazione: «Dio provvederà, mio figlio». Se la traduzione potrebbe apparire forzata, in ogni caso permette di cogliere il senso del racconto che si avvia verso la sua conclusione: finalmente, a Isacco, il padre dice la verità; lui sarà la vittima che Dio ha scelto. Interessanti, ancora una volta, sono le pagine di Kierkegaard che entra nel merito del racconto per cogliere i tratti dell'animo di Abramo dinanzi a Isacco: «Da quel giorno Abramo divenne vecchio, non poté dimenticare quel che Dio gli aveva chiesto... Scendendo dalla montagna, Abramo non era più lo stesso»[12]. La lettura psicologica del filosofo è suggestiva, ma non esprime la realtà della fede di Abramo. Egli rimane come colui che credette anche nella prova suprema, conservando la certezza che la promessa di Dio si sarebbe compiuta.

Come si sa, le tre grandi religioni monoteiste fanno riferimento alla fede di Abramo. Dai racconti biblici, la sua fede può essere circoscritta intorno a tre espressioni: *fiducia* piena e totale nelle pro-

[12] *Ibidem*, pp. 17-18.

messe che Jhwh compie, *obbedienza* alla parola e al comando che gli viene rivolto e, infine, *conoscenza* di Dio negli avvenimenti della sua vita[13]. Abramo, quindi, crede a Dio che gli promette una discendenza nonostante l'età avanzata sua e di Sara, si affida a lui e si abbandona alla sua parola, ma nello stesso tempo ha piena certezza che la promessa fatta si sarebbe realizzata.

Per l'Antico Testamento, insomma, credere è un atto complesso con il quale si conosce Dio nel suo concreto agire nei confronti degli uomini e del suo popolo; in questo modo, si riconosce la verità della sua parola e ci si abbandona a lui con un'obbedienza incrollabile, perché il Dio di Israele è un Dio fedele. Credere, pertanto, non è un atto isolato né teorico; al contrario, costituisce un atteggiamento fondamentale di fiducia e certezza che impegna il credente in tutta la sua esistenza. L'espressione culminante la si ritrova, probabilmente, nel testo controverso dal punto di vista esegetico, ma che costituisce un capisaldo nella teologia della fede: « Se non crederete non avrete stabilità » (Is 7,9). Il profeta indica, in una battuta, l'essenza della fede: credere è un essere « radicati » nel Signore e tutta l'esistenza si realizza solamente se vissuta nella consapevolezza di vivere in conformità alla sua parola. Non a caso, la versione greca dei LXX tradurrà questo passo del profeta: « Se non crederete, non comprenderete »; in una parola: la vita non potrà avere senso senza la fede[14].

[13] Sono diversi i brani a cui far riferimento, uno è certamente paradigmatico in proposito; si tratta di Gen 15,1-21, soprattutto se interpretato alla luce di quanto insegna san Paolo in Rm 4,18-25.

[14] Per questo testo cfr. J. Ratzinger, *Introduzione al cristianesimo*, Queriniana, Brescia 1979^{6}, pp. 37-46; A. Bellandi, *Fede cri-*

Un aspetto che non può essere tralasciato riguarda la fede come la conoscenza più adeguata di Dio: «Voi siete i miei testimoni – oracolo del Signore – miei servi, che io mi sono scelto perché mi conosciate e crediate in me e comprendiate che sono io» (Is 43,10). L'espressione del profeta permette di verificare come già nell'Antico Testamento la fede sia identificata come una peculiare forma di conoscenza. A differenza del nostro contemporaneo, per l'uomo biblico la conoscenza non è il prodotto della speculazione teoretica, ma frutto dell'esperienza personale. Il testo di Isaia, comunque, orienta a considerare il valore conoscitivo che la fede possiede; essa non è affatto un sacrificio dell'intelletto, ma una conoscenza che porta con sé la certezza propria di chi sperimenta la presenza di Dio[15].

4. I SUOI DISCEPOLI CREDETTERO IN LUI

La fede in Gesù è la condizione preliminare per divenire suoi discepoli. L'esemplarità che egli esprime nell'atto di abbandonarsi al Padre non trova facile riscontro; eppure, la comunità cristiana

stiana come «stare e comprendere». La giustificazione dei fondamenti della fede in Joseph Ratzinger, Editrice PUG, Roma 1996, pp. 179-186.

[15] I Salmi sono un segno evidente di questa dimensione: «Io *so* che il Signore difenderà la causa dei poveri e dei miseri» (Sal 140,13); «Io *so* che il Signore sta alla mia destra» (Sal 56,10); «Io *so* che il Signore è grande e sorpassa tutti gli dèi» (Sal 135,5); «Io *so* che i tuoi giudizi sono giusti e che tu mi hai umiliato a causa della tua fedeltà» (Sal 119,75)... In questo *«sapere»* del salmista si evidenzia una conoscenza certa, sicura, della presenza di Dio che sta alla base della fede.

non ha avuto timore nel riconoscere in Maria la prima risposta più adeguata. L'obbedienza posta a Dio, che le chiede di diventare per grazia madre di suo Figlio, è piena e totale; non è un caso che le parole del *Magnificat* poste sulle sue labbra richiamino alla fede dell'israelita in Dio che è sempre fedele. La fede espressa nel momento dell'annunciazione costituisce per Maria la via maestra per la comprensione di sé e del suo futuro; tutto è riposto in quell'orizzonte di offerta piena a entrare nel mistero e lasciarsi avvolgere da esso come ultima possibilità di senso per la sua esistenza. La sua fede in Dio, infatti, dice pienamente il rinvenimento di un senso per la sua vita, fuori del quale tutto diventerebbe assurdo e contraddittorio. L'icona dubbiosa di Giuseppe che vuole lasciare Maria e intraprendere un'altra strada (cfr. Mt 1,19), esprime al meglio l'unità profonda tra fede e senso nel momento dell'obbedienza di Maria all'annuncio di Gabriele. Maria, pertanto, può giustamente essere chiamata la «prima dei credenti»; accogliendo nel suo grembo il Figlio di Dio ne diviene madre ma, nello stesso tempo, figlia perché chiamata a credere alla sua parola (cfr. Lc 11,27-28).

Accanto alla sua esemplarità, non stona porre anche quella di Pietro, di Giovanni e dei discepoli. Queste immagini non fanno che riproporre la tesi avanzata in precedenza: la fede è un atto universale, eppure coglie ognuno nel frammento della propria storia. Ai credenti queste immagini non fanno che esprimere le vie diverse attraverso cui raggiungere la fede. Pietro, che a nome dei Dodici professa per primo la fede in Gesù come messia (Mc 8,25-30), mentre sembra essere capace di grandi promesse (Mc 14,30), esprime poi il tradimento e la fuga (Mt 20,30-35). Giovanni, che riesce a credere nonostante la prova della croce, sarà il primo ad arrivare al sepolcro per credere nella risurrezione (Gv 21,7). I discepoli chiamati a lasciare tutto per dover seguire il maestro, confidano nel suo annuncio del regno di Dio pur non comprendendo fino in fondo il senso di quel messaggio (cfr. Gv 8,27). La fede, insomma, tocca ognuno nella peculiarità della propria vita, ma chiama tutti a riconoscere nel volto di Cristo il rivelatore dell'amore del Padre.

Il Nuovo Testamento approfondisce ulteriormente i dati che sono stati rinvenuti nell'analisi dell'Antico e sembra conferire loro ulteriore profondità[16]. Il richiamo continuo ad essere «pronti», «pazienti», «vigilanti», «avere speranza» indica la necessità di imprimere alla vita un orientamento decisivo. Pur nella pluralità di linguaggi propria degli autori sacri, la fede consiste nell'accogliere il vangelo di Gesù. I discorsi di Pietro, Filippo e Paolo attestano con convinzione che credere consiste nell'accogliere la predicazione di Gesù Cristo e vivere secondo il suo insegnamento[17].

Più direttamente, i vangeli sinottici descrivono la fede come la fiducia che il discepolo ha nei confronti del maestro. L'incontro con lui convince sulla necessità di affidarsi pienamente a Dio anche se questo comporta un radicale cambiamento di vita. La chiamata di Matteo, in questo contesto, è certamente sintomatica; essa è un appello a credere alla

[16] Un segno evidente è già l'uso del verbo *pisteúein* e del termine *pístis* che ricorrono almeno 240 volte.

[17] Cfr. ad esempio At 2,14-36; 3,12-26; 4,8-12; 5,29-32; 8,5-35; 9,20-22; 10,34-43; 13,16-41; 17,1-3; 18,5...

sua persona e a seguirlo lasciando tutto (Mt 9,9). L'annuncio del regno di Dio che Gesù predica, attestando che esso si sta realizzando nella sua stessa persona (Lc 11,20), è un ulteriore elemento che permette di descrivere la fede come l'incoraggiamento ad assumere su di sé l'impegno per il regno di Dio, affidandosi alla parola che il Padre fa udire attraverso di lui (Mt 6,25-34). In una parola, i vangeli sinottici parlano della fede come della certezza che il buio dell'attesa è terminato; i segni che Gesù compie sono la conferma che il regno di Dio è finalmente giunto e la sua promessa realizzata. Il tempo del compimento, tuttavia, richiede la capacità di scegliere in modo tale da affrontare qualunque situazione in nome del Signore, fosse anche il suo destino di morte (cfr. Mc 10,38-40; Lc 9,23-24); chi lo accoglie nella propria vita viene semplicemente chiamato « credente ». Diventare discepoli del Signore, pertanto, acquista nei vangeli sinottici un valore privilegiato per descrivere la vita di fede come una sequela che comporta una scelta radicale di vita motivata dal credere in Gesù e nella sua parola (cfr. Mc 9,42; Mt 18,6).

L'evangelista Giovanni permette di accedere a una riflessione più elaborata sul tema della fede; non si sbaglia dicendo che rappresenta un tema onnicomprensivo nel suo vangelo. Si potrebbe, anzi, mostrare con facilità che l'intero libro ruota intorno al versetto conclusivo: « Questo è stato scritto perché voi crediate che Gesù è il Cristo » (Gv 20,31). A partire da questo testo, si può rileggere retrospettivamente tutto il suo vangelo; in qualche modo, ciò che emerge è il conflitto permanente che si viene a creare tra « credere » e « non credere » (Gv 3,36). La fede, per Giovanni, è il principio della vita cristiana e la sintesi della partecipazione dell'uomo alla vita di comunione con Dio. Contenuto principale della fede è la conoscenza della vita trinitaria; ad essa, comunque, si giunge solo se il Padre per primo chiama e offre gli strumenti per raggiungerla (Gv 6,29.40). A Nicodemo, che è immagine dell'uomo scettico, Gesù insegna che per vivere di questa nuova vita bisogna «rinascere dall'alto». Come dire: il modo di porsi davanti a lui è unico e non conosce confronti, perché solo chi «viene dall'alto è al di sopra di tutti»; chi, invece, «viene dalla terra appartiene alla terra e parla della terra» (Gv 3,31). La fede, quindi, inizia quando si incontra Gesù e lo si accoglie come rivelatore del Padre; si accetta la sua testimonianza come vera e la sua parola come strumento di salvezza (cfr. Gv 3,11-12.32-34; 8,13-46), a tal punto che credere a lui equivale a credere a Dio: «Chi ascolta la mia parola e crede in me, crede a chi mi ha mandato...» (Gv 5,24; 1Gv 5,10).

Uno sguardo a come l'evangelista utilizza il verbo credere, permette di accedere ai diversi significati che sono sottesi: «credere a Gesù», «credere in Gesù», «credere che Gesù», «credere nel nome di Gesù»; tutte queste formule grammaticali tendono a ricomporre in sintesi i diversi aspetti del credere nella teologia giovannea. In questo contesto, è necessario aggiungere un'ulteriore particolarità. Essa consiste nel valutare il binomio credere e conoscere; i due verbi sono affini e, a volte, perfino interscambiabili. Rimarrebbe deluso, tuttavia, chi pretendesse di ritrovare nel «conoscere» lo stesso significato che oggi si attribuisce al verbo. Nel vangelo di Giovanni, «conoscere» indica avere una fede più profonda che permette al credente di ritrovare un senso più genuino per la propria vita (cfr. 6,69; 10,38;14,20). Nessuna conoscenza cartesiana, quindi, ma una forma di esperienza particolare che permette di entrare sempre di più in una relazione di comunione con Dio; ciò permette di accedere a una comprensione della propria vita sempre più aperta verso il nuovo[18]. Nel vangelo di Giovanni, insomma, la fede è una realtà estremamente concreta; in essa confluiscono il «conoscere», «riconoscere», «vedere», «accogliere», «ascoltare», «toccare»... insomma, tutto della persona, perfino i sensi sono coinvolti in quell'atto. Con la fede ci si apre allo Spirito che dona la sua vita e permette di accedere alla verità di Cristo nella sua pienezza (cfr. Gv 7,37-39). Con la fede, pertanto, si può riconoscere in Gesù il Figlio di Dio, e nelle opere che lui compie scoprire la gloria (δόξα) del Padre.

In altre parole, Giovanni descrive la fede come una conoscenza e un'intelligenza del mistero di Gesù Cristo sempre più grande fino a giungere all'intima comunione con lui in forza dell'amore. Nello stesso tempo, comunque, l'evangelista evita che la conoscenza di fede cada in ogni specie di fraintendimento mitico o gnostico. Essa rimane saldamente legata all'evento Gesù di Nazaret nella storicità del suo esprimersi e nella testimonianza della sua rivelazione. Per seguire lui, si diventa capaci di lasciare tutto (Gv 1,35-51); mettersi alla sua sequela e diventare suoi discepoli è un impegno concreto di vita che comporta una decisione tale da inglobare tutta l'esistenza. La fede, però, è la

[18] Si comprende per questo il maggior uso del verbo «conoscere» nei discorsi di addio; cfr. Gv 14-17; cfr. R. Schnackenburg, *Il vangelo di Giovanni*, vol. I, Paideia, Brescia 1973, pp. 697-719.

«luce» che entra nella vita dell'uomo; ciò comporta una rottura con il mondo delle «tenebre», con la «menzogna» e il «peccato». È interessante, a questo proposito, verificare come nel vangelo di Giovanni, a differenza dei sinottici, non si trovi mai né il verbo «convertirsi» (μετανοεῖν) né il termine «conversione» (μετάνοια). La motivazione è chiara: credere è già di per sé la conversione richiesta; con la fede si accede a una vita nuova, si rinuncia al peccato per vivere la vita dei figli di Dio.

La teologia contenuta negli scritti dell'apostolo Paolo permette di approfondire il tema della fede, mostrando contenuti che esprimono un'ulteriore originalità. Credere per l'apostolo gioca un ruolo essenziale nella definizione della vita cristiana; implica, infatti, l'accoglienza piena del mistero della passione, morte e risurrezione del Signore come espressione della salvezza. È possibile entrare coerentemente nel pensiero dell'apostolo se si considera, anzitutto, l'espressione che diventerà classica nella teologia della fede: *fides ex auditu*. Paolo è convinto che alla fede si può giungere se si accoglie la predicazione dell'apostolo, che trova il suo fondamento nella parola stessa del Signore. La Lettera ai Romani descrive questo passaggio in maniera progressiva, evidenziando come la professione di fede si collochi tra l'invocazione del Signore e il suo annuncio universale: «Ora, come potranno invocarlo senza aver prima creduto in lui? E come potranno credere, senza averne sentito parlare? E come potranno sentirne parlare senza uno che lo annunzi? E come lo annunzieranno, senza essere prima inviati? Come sta scritto: Quanto sono belli i piedi di coloro che recano un lieto annunzio di bene! Ma non tutti hanno obbedito al vangelo. Lo dice Isaia: Signore, chi ha creduto alla nostra predicazione? La fede dipende dunque dalla predicazione e la predicazione a sua volta si attua per la parola di Cristo» (Rm 10,14-17). Come si può osservare, l'apostolo procede dalla relazione tra l'invocazione del nome del Signore alla fede in lui per compiere poi il passaggio dalla fede all'ascolto della sua parola; il circolo, comunque, non si conclude, esso comporta un passaggio ulteriore che pone il credente nella missionarietà dell'annuncio. L'evangelizzazione è parte integrante della fede nel Signore e questa può avere la debita efficacia nella misura in cui ha come suo fondamento l'ascolto della predicazione dell'apostolo e l'accoglienza in sé della parola stessa del Signore che attraverso gli apostoli si diffonde. L'ascolto, da cui viene la fede, non è affatto un atteggiamento passivo; esso provoca all'«impegno della fede» (Rm 1,5; 1Ts 1,3) che produce fiducia, speranza e testimonianza di carità.

Una particolarità terminologica permette di accedere al senso profondo del pensiero dell'apostolo in proposito. Nel nostro versetto, infatti, egli usa l'espressione «la fede viene dall'ascolto» (ἡ πίστις ἐξ ἀκοῆς); il termine, tuttavia, indica anche «obbedienza» ed è ciò che l'apostolo sottolinea dall'inizio alla fine della sua Lettera ai Romani. Parla, infatti, subito nei primi versetti di *obbedienza* alla fede: «Per mezzo di lui abbiamo ricevuto la grazia dell'apostolato per ottenere l'obbedienza alla fede (ὑπακοὴν πίστεως) da parte di tutte le genti» (1,5); e conclude la lettera con lo stesso richiamo: «A colui che ha il potere di confermarvi secondo il vangelo che io annunzio e il messaggio di Gesù Cristo, secondo la rivelazione del mistero taciuto per secoli eterni, ma rivelato ora e annunziato mediante le scritture profetiche, per ordine dell'eterno Dio, a tutte le genti perché obbediscano alla fede (ὑπακοὴν πίστεως)» (Rm 16,25-26). Il richiamo alla stessa terminologia mostra con chiarezza che l'apostolo intende «giocare» con lo stesso termine, avendo alla base l'originale ebraico che permette la duplice significazione di «ascolto» e «obbedienza». Teologicamente, la cosa non è priva di significato; il senso sottostante indica una impressionante circolarità: la fede proviene dall'ascoltare la parola della predicazione e conduce all'obbedienza della fede, così come l'obbedienza della fede comporta l'ascolto alla parola del Signore.

La fede è accoglienza dell'annuncio del mistero pasquale di Cristo. In tal senso, la professione di fede contenuta nella Prima lettera ai Corinzi (1Cor 15,3-5) e specialmente la sottolineatura di Paolo: «Così predichiamo e così avete creduto» (v. 11), acquistano un valore paradigmatico. In poche battute, l'apostolo fornisce l'originalità distintiva della fede cristiana. Afferma, anzitutto, che essa è centrata sull'evento pasquale; un evento storico conosciuto e che ha dei testimoni diretti della passione, morte e risurrezione del Signore. Essa, inoltre, è trasmessa mediante l'annuncio della Chiesa che la rende visibile sia nella sua vita liturgica sia nella sua opera missionaria. Questa fede, infine, è un'esperienza diretta, vera e reale, senza di essa l'apostolo non comprenderebbe più né la sua missione né la sua stessa vita: «Se Cristo non è risuscitato, allora è vana la nostra predicazione ed è vana anche la vostra fede» (1Cor 15,14).

La teologia di Paolo permette di ritrovare altri elementi utili per la descrizione della fede.

L'apostolo afferma che essa è in grado di qualificare la vita cristiana come una realtà dinamica: inizia con l'accettazione del battesimo che giustifica e tende ad assimilare sempre più il credente a Cristo nel suo mistero salvifico. In forza di questo, è un impegno che dura tutta la vita e non conosce interruzione o alternanza alcuna; fino alla fine è necessario «correre» (1Cor 9,26). La fede, inoltre, possiede una dimensione universale; senza esclusione di sorta tutti possono accedervi e nessuno ne è escluso: barbari, greci e giudei, liberi o schiavi, uomo o donna, tutti sono chiamati alla salvezza mediante l'atto della fede (Gal 3,26; Rm 10,12). Come si nota, anche per Paolo la fede comporta un'apertura totale all'accettazione del vangelo che viene annunciato; anzi, essa ha in sé una forte componente missionaria. Chi diventa credente, infatti, diventa a sua volta annunciatore dello stesso vangelo destinato alla salvezza di tutti (cfr. Col 1,4-6). La fede, infine, ha come soggetto la Chiesa; essa comporta, quindi, una dimensione comunitaria che si esprime nella vita della comunità: inni, cantici, professioni di fede non fanno che dare corpo a questa dimensione.

Come si nota, anche nella teologia paolina il credere ha una valenza complessa che necessita di diverse espressioni per essere compreso con coerenza. Ciò che emerge in maniera netta, comunque, è la dimensione antropologica della fede. L'apostolo sembra affermare che solo chi crede comprende realmente se stesso. La sua vita, anzi, diventa carica di senso se posta nel cammino della fede; essa possiede il suo *inizio* nella giustificazione ricevuta dall'evento pasquale di Cristo e tende verso il suo *compimento* con il ritorno glorioso del Signore. Tutta l'esistenza credente si snoda all'interno di questi due eventi;

sembra quasi fluttuare in un perenne movimento ondivago tra il proprio peccato e la grazia che salva. Questa condizione, tuttavia, non crea nessuna angoscia né ansia; al contrario, proprio l'attesa del Signore consente di crescere nella conoscenza del suo mistero, di aumentare la fiducia nel suo ritorno e di incrementare l'amore per lui e il prossimo.

5. Un atto globale

Come si può constatare da questo rapidissimo sguardo, per la Sacra Scrittura «credere» è una peculiare forma di conoscenza che permette di entrare nel mistero e di percepirlo nella sua importanza per la vita personale. La fede, quindi, si esprime in un comportamento concreto; implica, infatti, «riconoscere», «accogliere», «vedere», «udire», «ascoltare»...; insomma, un atto globale e complesso in cui ognuno può esprimere se stesso pienamente: intelligenza, volontà, comprensione di sé e decisione.

Data la complessità del credere, non meraviglia che i Padri della Chiesa e i grandi maestri della teologia abbiano posto sempre al centro della loro riflessione il tema della fede. Se in alcune epoche è più facile verificare l'attenzione sui contenuti della fede, in altre l'oggetto di indagine fu costituito maggiormente dall'analisi dell'atto con cui si crede[19]. Inutile ribadire l'unità profonda di questi due

[19] Una monografia importante su questo sviluppo storico è certamente l'opera di R. Aubert, *Le problème de l'acte de foi*, Louvain 1945; sullo stesso solco, A. Dulles, *Il fondamento delle cose sperate. Teologia della fede cristiana*, Queriniana, Brescia 1997.

momenti che sempre e solo nella loro reciproca unità costituiscono la coerente comprensione della fede. La teologia, comunque, quando deve affrontare l'analisi della fede è solita distinguere due momenti: la *fides qua* e la *fides quae*. Con la prima espressione si intende qualificare l'atto con cui, sotto la spinta della grazia, si crede; esso comporta l'affidamento a Dio che si rivela e che, quindi, manifesta se stesso come fedele, veritiero e credibile. Con la seconda formula si specifica il contenuto della fede che in maniera unitaria consiste nel mistero della rivelazione di Dio in Gesù Cristo; in una parola, la fede nella Trinità. Non c'è separazione tra *fides qua* e *fides quae*; entrambi i termini, infatti, vogliono specificare i diversi momenti di un unico atto. Nel credere, ognuno accetta un contenuto che lo impegna; la *fides qua*, pertanto, non astrae dalla *fides quae*, ma da essa è determinata. La *fides quae*, a sua volta, rimanda alla *fides qua* come l'atto fondamentale mediante il quale il credente, nella sua libertà, accetta di affidare se stesso pienamente alla rivelazione di Dio.

La teologia medievale, facendo riferimento a un testo attribuito a sant'Agostino, *Sermo de Symbolo*, fece propria la triplice formulazione: «*credere Deo*», «*credere Deum*», «*credere in Deum*»: «Una cosa è credere *a* lui, altro credere *lui*, altro ancora credere *in* lui. Credere a lui significa credere che è vero tutto ciò che egli ha detto; credere lui equivale a credere che lui stesso è Dio; credere in lui significa amarlo»[20]. L'espressione, essenzialmente, permette di verificare il recupero dei dati della Sacra Scrittura dove a più riprese si ritrovano

[20] *PL* 40, 1190.1191.

le tre formule. Ciò che provoca non poca meraviglia è la trasformazione che il Nuovo Testamento, ad opera soprattutto di Giovanni, compì quando trasferì queste formule da Jhwh a Gesù Cristo, rendendo così in maniera ancora più esplicita la fede dei primi discepoli in Gesù Figlio di Dio e l'originalità della fede cristiana[21]. Teologicamente, queste espressioni hanno un loro valore intrinseco che consentono di accedere a una teologia della fede coerente con le sue fonti e articolata nelle sue spiegazioni. Nelle tre espressioni vengono esplicitati tre aspetti dell'atto di fede, non tre diversi modi di credere; lo attesta bene san Tommaso d'Aquino: «Credere a Dio, credere che Dio e credere in Dio non indicano diversi atti, ma diverse circostanze dello stesso atto»[22].

Con la formula *«credere Deo»* si vuole esprimere la dimensione formale della fede, ciò che ne costituisce il fondamento stesso, vale a dire l'autorità di Dio stesso nel suo rivelarsi. Credendo, quindi, ognuno accetta la testimonianza che Dio dà di sé e che si fonda sulla sua autorità; il credente, pertanto, accetta la verità della rivelazione perché Dio stesso ne è garante. Il Concilio Vaticano I accolse questa interpretazione e la fece sua quando nella costituzione *Dei Filius* afferma: «La stessa santa madre Chiesa ritiene e insegna che Dio, principio e fine di ogni cosa, può essere conosciuto con certezza con la luce naturale della ragione umana a partire dalle cose create... ma è piaciuto alla sua sapienza e bontà rivelare se stesso e gli eterni de-

[21] Sono molti i passi di riferimento; cfr. Gv 4,21; 5,36.46; 6,30; 8,31.45.46; 10,37.38; 14,11.

[22] Tommaso d'Aquino, *In Johannem*, VI,3,7.

creti della sua volontà per altra via, quella soprannaturale» (*DS* 3004).

Con l'espressione «*credere Deum*» si vuole fare riferimento al contenuto della fede, a ciò che viene creduto, il mistero stesso dell'amore di Dio. Si sottolinea la dimensione del mistero come l'orizzonte su cui si pone l'esistenza di Dio. Un mistero che non può essere pienamente analizzato dalla ragione, ma non per questo è meno comprensibile; la fede, appunto, diventa la forma mediante la quale si conosce il mistero perché si fa forte della rivelazione di Gesù Cristo. Accogliere il mistero di Dio comporta dare il proprio *assenso*. È un termine tecnico nella teologia della fede con il quale si vuole esprimere un impegno assoluto nell'accettazione di un contenuto. Per comprendere il valore dell'assenso è necessario fare riferimento, ancora una volta, a sant'Agostino il quale in un celebre testo scrive: «Lo stesso atto del credere non consiste in altro che dare l'assenso riflettendo. Pensa, infatti, chiunque crede, e credendo pensa e pensando crede... La fede se non è pensata è nulla. Se si toglie l'assenso, si toglie la fede perché senza assenso non si dà fede»[23]. Nell'epoca moderna, è stato particolarmente J.H. Newman a esplicitare teologicamente il valore dell'assenso definendolo come: «L'atto con cui si accetta assolutamente, in modo incondizionato, una proposizione»[24].

Con la formula «*credere in Deum*», infine, si intende definire il valore dinamico della fede e la sua dimensione interpersonale. Credere in Dio significa, anzitutto, credere a una persona; ciò comporta

[23] Agostino, *De praedestinatione sanctorum*, 2,5; *PL* 44, 963.
[24] J.H. Newman, *Grammatica dell'assenso*, Jaca Book, Milano 1980, p. 8; cfr. pure tutta la parte II, soprattutto pp. 95-127.

il desiderio di volerla conoscere sempre di più e di entrare in un rapporto di amore. L'espressione, pertanto, mostra il fine stesso della fede: una crescita continua nella fiducia e nell'abbandono in Dio sapendo che lui stesso si è impegnato per noi, offrendo suo Figlio. Espressivo, in tal senso, il pensiero di M. Blondel: «Se la fede accresce la nostra conoscenza non è in primo luogo e principalmente in quanto, per testimonianza autorizzata, ci insegna certe verità oggettive; è in quanto essa ci fa simpatizzare realmente e profondamente con un essere, in quanto ci unisce alla vita di una persona, in quanto ci inizia, per mezzo del pensiero amante, a un altro pensiero e a un altro amore»[25].

Non stonerà, da ultimo, una distinzione che si impone sulla base dei dati analizzati tra *fede* e *credenza*. La distinzione semantica ha una sua oggettiva validità che merita di essere conservata in ambito teologico e non solo. Come si è visto, la fede è per sua stessa natura formata dall'assenso che viene dato alla rivelazione di Dio. Nella fede, quindi, permane attivo il principio che quanto viene creduto non proviene dagli uomini, ma da Dio; per questo si dà un'adesione piena e totale in quanto porta con sé la garanzia di verità. La credenza, invece, è il frutto della comprensione umana del mistero trascendente; in quanto tale, non ha la pretesa di richiedere l'assenso perché è frutto della riflessione personale. Ci sono verità, pertanto, che pur riguardando il mistero divino e trascendente, provengono dagli uomini. Esse sono frutto di una elaborazione illuminata, spesso difficile e comples-

[25] M. Blondel, *Foi*, in A. Lalande (a cura di), *Vocabulaire technique et critique de la philosophie*, Paris 1968[10], p. 360.

sa, a cui si dà il nome di credenza, proprio per distinguere il carattere umano da quello della rivelazione. Le religioni non rivelate sono, normalmente, composte da credenze; esse portano con sé il frutto della saggezza umana con la verità che la ragione riesce a esprimere, ma come tali non possono avere la pretesa di richiedere la fede.

Nelle sue diverse articolazioni, credere è un abbandonarsi al mistero senza temere di venire sommersi. Il mistero è parte essenziale della vita e non sarà la ragione a poterlo distruggere. Viviamo del mistero e siamo un mistero a noi stessi; eppure, niente come il mistero affascina e inquieta la mente fino a quando non raggiunge il porto della certezza. La fede pone il mistero all'inizio del suo cammino, non alla fine, quando tutto sembra irreparabile e nessuna spiegazione sembra più bastare. Accogliendo in sé il mistero di Dio che si fa uomo per amore, il credente riesce a porre continuamente domande con l'intento di comprendere sempre di più ciò che già crede. Nel suo *Proslogion*, sant'Anselmo ha delle pagine di estrema profondità nel riuscire a coniugare insieme il primato della fede e il suo desiderio di comprendere sempre di più con la ragione ciò che già crede e ama: «Insegnami a cercarti, e mostrati a chi ti cerca; perché non posso cercarti se tu non mi insegni, né trovarti se tu non ti mostri. Che io ti cerchi desiderando, che ti desideri cercando, che ti trovi amando, che ti ami ritrovandoti... Io infatti non domando di intendere perché possa credere, ma credo perché possa intendere. Infatti anche questo credo, che se non avrò creduto, non intenderò»[26].

[26] Anselmo, *Proslogion*, I.

Capitolo IV

SO IN CHI HO CREDUTO

«So in chi ho creduto e sono convinto che egli è capace di conservare il mio deposito fino a quel giorno» (2Tm 1,12). Tra le ultime parole dell'apostolo, queste indicano la certezza della sua fede. Dopo aver incontrato Cristo sulla via di Damasco, egli ha iniziato a «correre» (1Cor 9,26; Fil 3,14) per annunciare a tutti il senso della vita che aveva trovato. Fino alla fine dell'esistenza egli ha mantenuto intatta la certezza della sua chiamata e della fede nel Signore Gesù. È interessante, da questa prospettiva, verificare alcune particolarità del linguaggio paolino per comprendere la sua idea centrale. Sembrerà paradossale, eppure Paolo non ha mai timore di usare il verbo «sapere», che indica una conoscenza certa, con estrema disinvoltura proprio quando parla dei misteri più grandi e inaccessibili della fede e della vita umana, a conferma della sua certezza raggiunta. Una veloce esemplificazione lo mostra subito: «Se moriamo con Cristo, crediamo che vivremo anche con lui *sapendo* che Cristo, una volta risuscitato, non muore più» (Rm 6,8-9); «Noi *sappiamo* in effetti che quando sarà distrutta questa tenda, la nostra abitazione terrestre, allora riceveremo una nuova abitazione costruita da Dio» (2Cor 5,1); «Noi *sappiamo* che colui che ha fatto risorgere il Signore, farà risorgere anche noi» (2Cor 4,14). Credere nel Signore e donare a lui tutta la vita, quindi, si fondano su una certezza profonda che non può essere solo frutto del ragionamento personale; essa va oltre per radicarsi in un amore genuino e unico che viene incontro, chiedendo solo di essere accolto.

Tre aspetti meritano di essere considerati brevemente: in primo luogo l'azione della grazia come principio di ogni atto del credere; in seguito la fede come una peculiare forma di conoscenza che permette di entrare nel mistero; infine, la certezza della fede come verità che rende liberi.

1. Il Signore aprì il cuore

Un racconto degli Atti degli Apostoli è sintomatico per accedere al tema del primato della grazia nell'atto di fede. Come è suo solito, Luca racconta con dovizia di particolari alcuni momenti dei viaggi dell'apostolo Paolo. Questi, dopo essersi separato da Barnaba, cominciò ad attraversare diverse regioni con l'intento di «ritornare a far visita ai fratelli in tutte le città» nelle quali aveva già predicato il vangelo (At 15,36). Dopo aver attraversato la Siria e la Cilicia, a Listria incontrò Timoteo, uno dei suoi discepoli più cari e fedeli (cfr. 1Cor 16,10; Fil 2,19; Tm 3,10) che lascerà dopo di lui probabilmente nella Chiesa di Efeso (1Tm 1,3). Proseguendo il viaggio l'apostolo raggiunse la Frigia e la Galazia per scendere poi a Triade dove, in una visione notturna, gli viene detto di passare per la Macedonia. Obbediente alla visione, Paolo salpa verso Samotracia per raggiungere il giorno dopo Neapoli e da qui Filippi, «colonia romana e città del primo distretto della Macedonia» (At 16,11-12).

Il sabato successivo, insieme a Timoteo, l'apostolo inizia la sua predicazione alle donne della città raccolte «fuori della porta, lungo il fiume» dove si teneva la preghiera (At 16,13). Presente a questa predicazione vi era pure una donna, Lidia, «commerciante di porpora e della città di Tiatira» (At 16,14) che, ascoltando l'apostolo, crede alla sua parola, si converte e si fa battezzare con tutta la sua famiglia (At 16,15).

Il racconto della conversione non si differenzia da molti altri; qui, comunque, un particolare attira la nostra attenzione e merita di essere sottolineato. L'evangelista specifica che: «Il Signore le aprì il cuore per aderire alle parole dette da Paolo» (At 16,14). Si è visto in precedenza come, per Paolo, la fede consista anzitutto nell'adesione alla predicazione degli apostoli. L'aggiunta che qui viene fatta è determinante: per poter aderire a quella parola e accettarla in sé è necessario che il Signore apra il cuore e la mente per comprendere che è veramente parola di Dio. Non c'è dubbio che l'espressione in questione voglia far riferimento all'azione dello Spirito nell'intimo degli uomini per condurli alla fede[1]. Solo quando si è illuminati dallo Spirito, infatti, è possibile credere.

L'Antico Testamento sembra conoscere anch'esso il tema, soprattutto quando fa riferimento al «cuore nuovo» con il quale poter realizzare la nuova alleanza; ne sono testimoni soprattutto i profeti Geremia ed Ezechiele. In ambedue si ritrovano testi che parlano della nuova alleanza che Jhwh intende rinnovare con il suo popolo dopo la deportazione e

[1] Cfr. J. Dupont, *Études sur les Actes des Apôtres*, Paris 1967, pp. 469-470.

l'esilio: «Ecco verranno giorni – dice il Signore – nei quali con la casa di Israele e con la casa di Giuda io concluderò una alleanza nuova. Non come l'alleanza che ho conclusa con i loro padri, quando li presi per mano per farli uscire dal paese d'Egitto, una alleanza che essi hanno violato, benché io fossi loro Signore. Parola del Signore. Questa sarà l'alleanza che io concluderò con la casa di Israele dopo quei giorni, dice il Signore: Porrò la mia legge nel loro animo, la scriverò sul loro cuore. Allora io sarò il loro Dio ed essi il mio popolo. Non dovranno più istruirsi gli uni gli altri, dicendo: Riconoscete il Signore, perché tutti mi conosceranno, dal più piccolo al più grande, dice il Signore; poiché io perdonerò la loro iniquità e non mi ricorderò più del loro peccato» (Ger 31,31-34); e ancora: «Darò loro un solo cuore e un solo modo di comportarsi perché mi temano tutti i giorni per il loro bene e per quello dei loro figli dopo di essi. Concluderò con essi un'alleanza eterna e non mi allontanerò più da loro per beneficarli; metterò nei loro cuori il mio timore, perché non si distacchino da me» (Ger 32,39-40).

Sappiamo che per la Sacra Scrittura «cuore» designa la realtà personale da cui tutto proviene: pensieri, affetti, decisioni, comportamenti... ogni cosa è riportata al cuore come il centro dell'agire personale. Il profeta, dicendo che il cuore nuovo sarà in grado di conoscere Jhwh, intende esprimere l'azione di Dio che agisce nell'intimo dell'uomo per permettergli di conoscerlo. Conoscere Jhwh, insomma, è possibile perché lui opera all'interno dell'uomo, cambiando il suo cuore per renderlo disponibile all'ascolto e all'accoglienza della sua parola. Il profeta Ezechiele sembra compiere un passo ulteriore rispetto a Geremia; egli, infatti, parla espressamente del dono di un «nuovo spirito» per essere fedeli alla nuova alleanza che verrà stipulata: «Vi prenderò dalle genti, vi radunerò da ogni terra e vi condurrò sul vostro suolo. Vi aspergerò con acqua pura e sarete purificati; io vi purificherò da tutte le vostre sozzure e da tutti i vostri idoli; vi darò un cuore nuovo, metterò dentro di voi uno spirito nuovo, toglierò da voi il cuore di pietra e vi darò un cuore di carne. Porrò il mio spirito dentro di voi e vi farò vivere secondo i miei statuti e vi farò osservare e mettere in pratica le mie leggi» (Ez 36,24-27).

Come si nota, esiste un sottile ma chiaro *fil rouge* che insiste su una componente essenziale: senza l'azione previa di Dio non è possibile entrare con coerenza nella rivelazione; i suoi contenuti potrebbero essere certamente conosciuti, ma non sarebbero accreditati come parola di Dio. Si è ricondotti, pertanto, al primato della grazia senza la quale non è possibile credere. Si fa interprete di questo stesso pensiero l'evangelista Giovanni che riporta le parole di Gesù: «Nessuno può venire a me, se non lo attira il Padre che mi ha mandato; e io lo risusciterò nell'ultimo giorno. Sta scritto nei profeti: E tutti saranno ammaestrati da Dio. Chiunque ha udito il Padre e ha imparato da lui, viene a me. Non che alcuno abbia visto il Padre, ma solo colui che viene da Dio ha visto il Padre» (Gv 6,44-46). Il testo presenta diverse particolarità che meritano di essere esplicitate; prima fra tutte: «venire a me». L'espressione equivale a dire «credere in me»; alla stessa stregua, «essere attratti» indica l'intenzione di voler esprimere l'azione interna dello Spirito nell'uomo per renderlo capace di andare a Cristo e quindi di credere in lui. Ancora più interessante per il nostro tema è il fatto che l'evangelista vuole accreditare e spiegare le parole di Gesù citando il profeta Isaia dove, appunto, «essere attratto» significa «essere ammaestrato da Dio»[2].

Una conferma ulteriore è possibile riscontrarla nella Prima lettera dell'evangelista, dove ritorna sullo stesso tema e sembra voler essere ancora più esplicito: «Se accettiamo la testimonianza degli uomini, la testimonianza di Dio è maggiore e la testimonianza di Dio è quella che ha dato al suo Figlio. Chi crede nel Figlio di Dio, ha questa testimonianza in sé. Chi non crede, fa di lui un bugiardo, perché non crede alla testimonianza che Dio ha dato al suo Figlio» (1Gv 5,9-10). L'evangelista, ritornando alla sua idea centrale che chi viene alla fede deve rinascere di nuovo (cfr. Gv 3,3), ribadisce che si può conoscere Dio solamente se si nasce in lui, cioè, se si diventa suoi figli. Conoscere questa nuova situazione di vita, comunque, è possibile solo se si dà spazio alla testimonianza di Dio in noi. La sua testimonianza è interna ed esterna nello stesso tempo. È una testimonianza per Gesù Cristo che viene accreditato come suo Figlio (cfr. Gv 5,32.37); ciò implica che si pone nella storia e si rende visibile in tutta la vita di Gesù. A questo punto, tuttavia, l'autore sacro aggiunge un altro particolare: la testimonianza di Dio è più grande di quella degli uomini e non può essere posta sullo stesso piano; essa, infatti, è data all'*interno* dell'uomo stesso, nel suo intimo più profondo, là dove coglie e percepisce la presenza stessa della verità.

[2] Non si distanziano da questo neppure i vangeli sinottici quando parlano in diverse riprese della «rivelazione interiore» che il Padre opera nei «semplici» (Lc 10,21), in Pietro (Mt 16,17); cfr. J. Alfaro, *Cristologia e antropologia*, Cittadella, Assisi 1973, pp. 427-437.

Paolo esprime a chiare lettere lo stesso concetto quando afferma: «Chi conosce i segreti dell'uomo se non lo spirito dell'uomo che è in lui? Così anche i segreti di Dio, nessuno li ha mai potuti conoscere se non lo Spirito di Dio. Ora, noi non abbiamo ricevuto lo spirito del mondo, ma lo Spirito di Dio, per conoscere tutto ciò che Dio ci ha donato» (1Cor 2,11-12). Nella misura quindi in cui l'uomo accetta la testimonianza di Dio in lui, diventa capace di credere; per dirla sempre con l'apostolo: «La luce di Dio brilla nei nostri cuori» (2Cor 4,6) e rende capaci di riconoscere la parola di Gesù come la sua stessa rivelazione. Dio, pertanto, può essere conosciuto e accolto dall'uomo solo se questi si lascia muovere dallo Spirito di Dio, l'unico che può conoscerlo veramente.

La tradizione patristica e scolastica hanno chiamato questa testimonianza interna di Dio, o la grazia che agisce in noi, *«lumen fidei»*. Tommaso elaborò una teoria profondamente coerente con il dato biblico; egli scrive che la grazia si inserisce nell'intimo della coscienza come una forza dinamica che permette all'uomo di accogliere la parola di Dio nella sua autocredibilità. L'illuminazione interna viene definita da Tommaso «istinto» per esprimere al meglio il carattere di una conoscenza sperimentata e non derivata dalla ragione; insomma, una «inclinazione» di cui si fa esperienza reale con la quale si percepisce il valore della comunione di vita con Dio e la salvezza che ne deriva[3].

[3] Su questo tema due testi sono fondamentali per comprendere l'apporto speculativo di Tommaso alla problematica: C. Ruini, *La trascendenza della grazia nella teologia di san Tommaso d'Aquino*, PUG, Roma 1971; M. Seckler, *Istinkt und Glaubenswille*, Mainz 1961.

Dio, quindi, sta all'origine di ogni atto di fede in lui e costituisce il punto più intimo del fondamento stesso della fede. Inutile dire che nel corso dei secoli diverse sono state le interpretazioni che si sono volute dare a questo insegnamento. I nomi di F. Suárez, L. Molina, J. De Lugo segneranno la storia del trattato *De fide* a partire dal XVI secolo per giungere fino alle diatribe di L. Billot, M. Blondel, P. Rousselot nel XX secolo, passando per J.S. Drey, J.H. Newman, J.A. Möhler, L.E. Bautain, G. Hermes e A. Günther nel XIX secolo[4].

La grazia, dunque, permette che gli occhi della mente si aprano, anzitutto, nel percepire la presenza di Dio in ogni creatura; da qui, scoprire la verità della rivelazione e in seguito comprenderne i contenuti in maniera sempre più profonda. Come si nota, l'azione dello Spirito non è relegata alla sola dimensione conoscitiva dei contenuti della fede, ma anche alla realizzazione dell'esperienza intima e profonda della vita di comunione. Questa grazia che provoca alla fede, comunque, è sempre finalizzata nell'orizzonte del Figlio, il rivelatore del Padre; egli non solo rende possibile la luce di grazia in noi, ma nello stesso tempo si pone come la vera luce per tutti coloro che vogliono accedere al Padre (cfr. Mt 11,27; Gv 1,4-9; 9,5; 12,36). La fede, ancora una volta, si qualifica come fede in Gesù Cristo. La dimensione cristica della rivelazione si

[4] Cfr. il testo classico di R. Aubert, *Le problème de l'acte de foi*, Louvain 1945; A. Dulles, *Il fondamento delle cose sperate. Teologia della fede cristiana*, Queriniana, Brescia 1997; E. Kunz, *Conoscenza della credibilità e fede (analysis fidei)*, in W. Kern - H.J. Pottmeyer - M. Seckler (a cura di), *Corso di teologia fondamentale*, vol. 4, *Trattato di gnoseologia teologica*, Queriniana, Brescia 1990, pp. 493-536.

impone anche per la teologia della fede. In Cristo, quindi, non solo si compie la storia della rivelazione, perché si raggiunge il culmine dell'esprimersi di Dio e si realizza la salvezza promessa; in lui si compie anche la storia della fede come risposta dell'uomo all'atto di donazione compiuto da Dio.

2. La fede come conoscenza

La grazia apre alla possibilità di credere, ma l'uomo è chiamato a dare la sua risposta di fede in prima persona, assumendo la responsabilità del gesto che compie come il frutto della sua piena libertà davanti a Dio e a se stesso[5]. Se, da una parte, lo Spirito permette di accedere alla rivelazione, dall'altra, l'uomo la deve conoscere. Condizione essenziale per poter esercitare la libertà personale, soprattutto con un gesto che comporta la donazione completa della propria vita. Certo, tutti possono conoscere i contenuti della fede cristiana, ma non per questo sono credenti. L'esperienza profonda di Dio e l'illuminazione della grazia permettono di accedere alla rivelazione non solo come un contenuto espresso in linguaggio umano, ma proprio come rivelazione di Gesù Cristo. Esiste, anzi, deve esistere un modo peculiare che permetta al credente di conoscere la rivelazione di Dio in maniera coerente per ciò che essa stessa esprime. Insomma, se devo studiare i movimenti della luna non potrò avere a disposizione solamente un piccolo binocolo con il quale os-

[5] Cfr. G. Colombo, *Grazia e libertà nell'atto di fede*, in R. Fisichella (a cura di), *Noi crediamo. Per una teologia dell'atto di fede*, pp. 39-57.

servo i camosci in montagna; sarà necessario che mi premunisca di un telescopio quanto più potente possibile che mi consenta di avere della luna una conoscenza almeno adeguata. Per la rivelazione non è diverso; anch'essa necessita di una conoscenza che sia capace di entrare nel merito dei suoi contenuti e di renderli comprensibili. La fede è questa conoscenza coerente che permette al credente una duplice esperienza: anzitutto, entrare sempre più in profondità a ciò che ha accolto come parola di Dio; inoltre, permettere che la decisione di fede si esprima come un atto veramente libero.

Non è vero che la verità sia solo il prodotto della ragione. I modi di conoscere presenti nell'uomo sono molteplici e differenti, senza che per questo uno possa essere considerato meno importante dell'altro in quanto non direttamente derivato da una conoscenza razionale. Una prima e immediata conoscenza, basilare e fondamentale per l'uomo, è quella dei *sensi*; mediante essa si coglie, anzitutto, «l'oggetto in quanto esistente»[6]. La percezione dei colori e dei suoni, la sensazione del caldo e del freddo o l'esperienza della sofferenza e della gioia – solo per fare alcune esemplificazioni – prima di essere una conoscenza razionale sono espressioni di una conoscenza sensoriale immediata, che solo successivamente si presenta alla mente per essere pensata in modo riflesso. Attraverso questa forma di conoscenza, l'uomo esprime se stesso come radicato nel mondo naturale; anzi, si immedesima con la natura sapendo di formare con essa un tutt'uno inscindibile.

[6] J. Maritain, *Breve trattato dell'esistenza e dell'esistente*, Morcelliana, Brescia 1984³, p. 16.

Altra espressione del conoscere è il *sapere critico* che, in modo ingiustificato, viene spesso confuso come la sola forma della conoscenza personale. Questa modalità conoscitiva si caratterizza per il suo tendere alla *certezza* in quanto realizza il sapere alla luce dell'istanza critica. Nella storia del pensiero dell'umanità è facile riconoscere le diverse tendenze che hanno interpretato il sapere sotto la minaccia continua dello scetticismo[7]. Nell'accezione contemporanea, questo sapere costituisce l'esperienza originaria dell'uomo mediante la quale egli scopre se stesso come realtà pensante[8]. È il primo sapere come fonte di certezza. Ognuno *sa* di *sapere*, non originalmente una conoscenza teoretica, ma intuitiva: so di esistere e di conoscere la realtà. In questo movimento esterno, tuttavia, accade che questa conoscenza venga intaccata dal dubbio. Sono sicuro di conoscere oppure sono sotto lo spettro dell'illusione? Il dubbio, esterno al sapere, pone in crisi la conoscenza stessa: *scio me nescire*, so di non sapere. Questa esperienza, tuttavia, permette che la ragione sia dinamicamente aperta verso una nuova conoscenza. Con il movimento prodotto si verificano almeno due elementi: anzitutto, il *voler sapere* perché si ha coscienza di non sapere; da questa volontà consegue la *prova del sa-*

[7] Sono diverse le forme dello scetticismo; esso si nasconde, comunque, sotto almeno tre comportamenti differenziati, ma con l'unico denominatore comune: negare la possibilità del raggiungimento della certezza da parte del sapere umano. Una prima espressione è data dal *soggettivismo*; una seconda dal *relativismo* che domina la scena nel XIX secolo soprattutto con lo Spencer de *Il tramonto dell'Occidente*; una terza forma è l'*agnosticismo* che si impone soprattutto nella sfera del sapere religioso.

[8] È il sapere che si costruisce sul fondamento dell'*episteme* greco, come il momento in cui si pone fine all'opinione.

pere stesso e si costituisce come il fondamento necessario per una conoscenza vera e certa. Questa forma di conoscenza si qualifica per la sua necessità a produrre *ragioni* che vadano oltre l'opinione individuale. In una parola, ognuno ha bisogno di certezze o, almeno, di una certezza senza della quale non potrebbe vivere. È necessario aggiungere, comunque, che questa forma di sapere si arricchisce dell'istanza critica che per sua natura tende a cogliere i tratti di universalità di ogni conoscenza. Critico, infatti, è quel sapere che valuta la relazione tra il contenuto della conoscenza personale e l'oggetto conosciuto, raggiunto mediante il giudizio conclusivo. Il giudizio, da parte sua, rappresenta la conclusione di un «sapere critico» solo nella misura in cui il giudicare è conforme alle esigenze dell'oggetto di conoscenza[9]. Ciò significa che un reale giudizio critico diventa possibile solo nella misura in cui si raggiunge l'essenza dell'oggetto conosciuto e non una sua personale rappresentazione; come si nota, si è posti davanti al problema della verità oggettiva *sic et simpliciter*[10].

Con questa conoscenza, pertanto, ognuno avanza la pretesa di autoaffermarsi come un soggetto in grado di conoscere la verità; anzi, come colui che per essere uomo non può fare a meno di tendere verso la verità e conoscerla. Egli non si accontenterà di una verità parziale, ma cercherà sempre la verità piena su di sé e sul mondo. In questo modo, da una parte, si distrugge la critica dello scetticismo;

[9] Cfr. J. Maritain, *Distinguere per unire. I gradi del sapere*, Morcelliana, Brescia 1974, p. 99; C. Huber, *Critica del sapere*, PUG, Roma 1988, pp. 35-101.

[10] Cfr. H.U. von Balthasar, *Teologica*, vol. I: *Verità del mondo*, Jaca Book, Milano 1989, pp. 246-247.

dall'altra, si afferma la possibilità concreta per l'uomo di conoscere la verità. È interessante, in proposito, l'osservazione di Giovanni Paolo II: «A questi interrogativi nessuno può sfuggire, né il filosofo né l'uomo comune. Dalla risposta ad essi data dipende una tappa decisiva della ricerca: se sia possibile o meno raggiungere una verità universale e assoluta. Di per sé, ogni verità anche parziale, se è realmente verità, si presenta come universale. Ciò che è vero, deve essere vero per tutti e per sempre. Oltre a questa universalità, tuttavia, l'uomo cerca un assoluto che sia capace di dare risposta e senso a tutta la sua ricerca: qualcosa di ultimo, che si ponga come fondamento di ogni cosa. In altre parole, egli cerca una spiegazione definitiva, un valore supremo, oltre il quale non vi siano né vi possano essere interrogativi o rimandi ulteriori. Le ipotesi possono affascinare, ma non soddisfano. Viene per tutti il momento in cui, lo si ammetta o no, si ha bisogno di ancorare la propria esistenza a una verità riconosciuta come definitiva, che dia certezza non più sottoposta al dubbio. I filosofi, nel corso dei secoli, hanno cercato di scoprire e di esprimere una simile verità, dando vita a un sistema o una scuola di pensiero. Al di là dei sistemi filosofici, tuttavia, vi sono altre espressioni in cui l'uomo cerca di dare forma a una sua "filosofia": si tratta di convinzioni o esperienze personali, di tradizioni familiari e culturali o di itinerari esistenziali in cui ci si affida all'autorità di un maestro. In ognuna di queste manifestazioni ciò che permane sempre vivo è il desiderio di raggiungere la certezza della verità e del suo valore assoluto... Non sempre, è doveroso riconoscerlo, la ricerca della verità si presenta con una simile trasparenza e consequenzialità. La nativa limitatezza della ragione e l'incostanza del cuore oscurano e deviano spesso la ricerca personale. Altri interessi di vario ordine possono sopraffare la verità. Succede anche che l'uomo addirittura la sfugga non appena comincia a intravederla, perché ne teme le esigenze. Nonostante questo, anche quando la evita, è sempre la verità a influenzarne l'esistenza. Mai, infatti, egli potrebbe fondare la propria vita sul dubbio, sull'incertezza o sulla menzogna; una simile esistenza sarebbe minacciata costantemente dalla paura e dall'angoscia. Si può definire, dunque, l'uomo come colui che cerca la verità» (*Fides et ratio*, nn. 27-28).

Sempre in questo orizzonte, si può riconoscere un'ulteriore forma attraverso cui l'uomo conosce: il *discernimento*. Nel momento in cui si conosce, avviene che una prima espressione sia orientata all'analisi logica, vale a dire alla capacità di verificare la coerenza tra il proprio pensiero e la realtà; mentre una seconda espressione tende all'azione, alla prassi e cerca la conoscenza di ciò che è buono e valido, distinguendolo dal frammentario e superficiale. Con la prima, si cerca di conoscere e giudicare gli oggetti in conformità con il concetto; con la seconda, invece, si tenta di comprendere l'agire personale che determina la propria presenza nel mondo. Il discernimento appartiene a questa seconda forma di conoscenza, perché è legato alla prassi e all'azione personale. In una parola, potrebbe essere qualificato come una forma di conoscenza *performativa*, che si compie sotto il primato della volontà. Attraverso questo atto, infatti, ognuno impegna se stesso in prima persona nella scelta che viene compiuta. In questo caso, non si è più solo di fronte all'individuazione generica di una scelta pensata; al contrario, si stabilisce la demarcazione tra il semplice pensare e la scelta concreta che viene attuata. Ognuno, discernendo, compie una scelta che lo qualifica e determina. Ciò comporta che il discernimento possa essere colto come un atto che mantiene in profonda unità il pensare riflesso del soggetto e la sua azione; esso crea forma di libertà e può essere compiuto solo in riferimento alla libertà[11]. Discernere, insomma, comporta il produrre una dimensione conoscitiva che sa giungere alla distinzione tra l'essenziale e il superfluo, il bene e il male non a un livello teorico, ma nella prassi di vita[12].

Un'ulteriore forma di conoscenza è riscontrabile nella *testimonianza*. È interessante osservare che soprattutto diverse tendenze del pensiero contemporaneo hanno recuperato il valore conoscitivo della testimonianza[13]. F. Nietzsche e M. Heidegger avevano posto le premesse per una «messa in mo-

[11] Per il significato di libertà qui sotteso, cfr. H.U. von Balthasar, *Teodrammatica*, vol. II: *Le persone del dramma - L'uomo in Dio*, Jaca Book, Milano 1982, pp. 183-298.

[12] Cfr. R. Fisichella, *Quando la fede pensa*, Piemme, Casale Monferrato (AL) 1997, pp. 145-169.

[13] Significativo il valore che in questi decenni ha acquistato l'espressione di *Evangelii nuntiandi*: «L'uomo contemporaneo ascolta più volentieri i testimoni che i maestri o se ascolta i maestri è perché sono testimoni» (n. 41); si confrontino, sul tema della testimonianza, i diversi contributi in E. Castelli (a cura di), *La testimonianza*, in *Archivio di Filosofia* 41 (1972); I. de la Potterie, *La notion de témoignage dans St. Jean*, in *Sacra Pagina* II, Paris 1959, pp. 192-208; S. Pié-Ninot, *La teologia fondamentale*, Quiriniana, Brescia 2002, pp. 559-573; R. Latourelle, *Testimonianza*, in R. Latourelle - R. Fisichella (a cura di), *Dizionario di Teologia Fondamentale*, Cittadella, Assisi 1990, pp. 1312-1320; N. Cotugno, *La testimonianza della vita del popolo di Dio, segno di rivelazione alla luce del Concilio Vaticano II*, in R. Fisichella (a cura di), *Gesù Rivelatore*, Piemme, Casale Monferrato (AL) 1988, pp. 226-240; P. Ciardella - M. Gronchi (a cura di), *Testimonianza e verità. Un approccio inter-*

ra» in concetto[14], ma non sono stati seguiti; ci si è rifiutati di credere alla presentazione che ne davano. Con la testimonianza si è davanti a uno dei concetti basilari del cristianesimo e della fede cristiana; essa rappresenta la forma che ha saputo dare valore alla persona costituendola come tale: essenza di relazioni e apertura alla verità. Non è un caso che Nietzsche scriva una delle pagine più forti e violente proprio contro il martire, il testimone che sa dare la vita[15]. La testimonianza è una conoscenza peculiare ed esprime una delle più alte e qualificate forme del linguaggio personale. Con essa, infatti, ognuno conosce perché entra in rapporto con un'altra persona. A differenza della conoscenza critica, il modo di rapportarsi alla verità da parte della testimonianza impegna l'uomo in ciò che egli ha di più personale: la sua *credibilità*. È suggestivo, in proposito, riferire la conosciuta tesi di K. Jaspers quando mette a confronto Giordano Bruno e Galileo Galilei. La ritrattazione di quest'ultimo davanti al tribunale dell'Inquisizione nulla toglie alla verità della sua tesi eliocentrica; da parte di Giordano Bruno, invece, non si potrebbe chiedere ritrattazione alcuna alle sue tesi senza dover distruggere la stessa verità che egli sostiene[16].

disciplinare, Città Nuova, Roma 2000; in questa stessa collana, il volume di P. Martinelli, *La testimonianza. Verità di Dio e libertà dell'uomo*, Paoline Editoriale Libri, Milano 2002.

[14] G.Vattimo, *Tramonto del soggetto e problema della testimonianza*, in *Le avventure della differenza*, Garzanti, Milano 1980, pp. 47-67.

[15] Alcune espressioni del *Dei preti*, in *Così parlò Zarathustra*, Libro II, vanno proprio in questo senso.

[16] K. Jaspers, *La fede filosofica*, Marietti, Torino 1973, pp. 11-13; altro contributo significativo, in questo contesto, è quello di B. Welte, *Dal nulla al mistero assoluto*, Marietti, Casale Monferrato (AL) 1985, pp. 152-163.

Con la testimonianza ognuno compie un atto mediante il quale permette la conoscenza di ciò che è stato oggetto della sua *esperienza*. In questo orizzonte, l'esperienza assume tutto il suo valore gnoseologico e diventa essa stessa forma peculiare della conoscenza personale[17].

Un'analisi della testimonianza permette facilmente di ricomporre questa categoria intorno ad alcuni punti fondamentali: il *fatto* stesso di testimoniare, il *contenuto* della testimonianza che si riferisce e la *persona* che la accoglie. Ciò che si crea con la testimonianza è una relazione interpersonale che, in forza del contenuto testimoniato, permette la conoscenza di due persone[18]. Questa relazionalità appartiene alla sfera più profonda della conoscenza interpersonale perché, sul terreno del contenuto della testimonianza, i due permettono la conoscenza della propria identità. Il testimone, infatti, a seconda della fedeltà del suo esprimersi manifesta la sua veracità o falsità; il recettore, da parte sua, giudicando il grado di sincerità del testimone, esprime la capacità d'uscire da se stesso per fidarsi dell'altro. Rischio tra i più alti della sfera

[17] L'esperienza costituisce una categoria molto complessa; in essa si possono riconoscere: incontro, interrogazione riflessa, modificazione di conoscenza, acquisizione di nuove forme conoscitive, consapevolezza del proprio limite e dell'alterità... tutte forme che vengono a ritrovarsi insieme in un tutt'uno inseparabile, di cui spesso, tuttavia, è difficile poter individuare i confini tra l'una e l'altra. Interessante e chiarificatrice, nell'orizzonte filosofico, la tesi sostenuta da H.G. Gadamer, *Verità e metodo*, Bompiani, Milano 1983, pp. 401-418. La stessa argomentazione è stata ripresa completamente nella sua cristologia, non senza gravi conseguenze per la verità della dottrina, da E. Schillebeeckx, *Cristo, la storia di una nuova prassi*, Queriniana, Brescia 1980, pp. 20-62.

[18] Cfr. P. Ricoeur, *Herméneutique du témoignage*, in E. Castelli (a cura di), *La testimonianza*, in *Archivio di Filosofia* 41 (1972), 35-61.

personale perché impone ad ognuno di immettersi in un sentiero di relazionalità che condiziona inevitabilmente l'esistenza personale. Nell'uno come nell'altro caso, la forma di conoscenza che si attua è da inscrivere nell'orizzonte della partecipazione all'intimità di una persona. In una parola, la testimonianza si qualifica come l'unica vera conoscenza che raggiunge i gradi più alti della comunicazione interpersonale. Non può essere relegata, quindi, a una semplice comunicazione di fatti; essa, al contrario, diventa impegno definitivo – a volte fino al dono della vita – con il quale ognuno pretende di essere accettato come persona che dice la verità. Si comprende, così, perché il sapere critico, pur con i diversi gradi di certezza che offre, non potrebbe mai raggiungere il livello di certezza e verità raggiunto con la testimonianza.

Con questa categoria, insomma, ognuno dispone di se stesso con un atto tra i più espliciti ed estremi di libertà: la capacità di conoscere l'intimo e la radicalità di una persona in ciò che ha di più prezioso, la propria credibilità[19]. Non è senza significato che in *Fides et ratio* Giovanni Paolo II ponga la testimonianza dei martiri come l'espressione più coerente per la conoscenza della verità; la loro testimonianza assume la forza della credibilità in forza dell'amore che porta impresso in sé: «Il martire, in effetti, è il più genuino testimone della verità sull'esistenza. Egli sa di avere trovato nell'incontro con Gesù Cristo la verità sulla sua vita e niente e nessuno potrà mai strappargli questa certezza. Né la sof-

[19] R. Fisichella, *Che cos'è la teologia?*, in C. Rocchetta - R. Fisichella - G. Pozzo, *La teologia tra rivelazione e storia*, EDB, Bologna 1994[4], pp. 208-212.

ferenza né la morte violenta lo potranno fare recedere dall'adesione alla verità che ha scoperto nell'incontro con Cristo. Ecco perché fino ad oggi la testimonianza dei martiri affascina, genera consenso, trova ascolto e viene seguita. Questa è la ragione per cui ci si fida della loro parola: si scopre in essi l'evidenza di un amore che non ha bisogno di lunghe argomentazioni per essere convincente, dal momento che parla ad ognuno di ciò che egli nel profondo già percepisce come vero e ricercato da tanto tempo. Il martire, insomma, provoca in noi una profonda fiducia, perché dice ciò che noi già sentiamo e rende evidente ciò che anche noi vorremmo trovare la forza di esprimere» (*FR* 32).

Come si può constatare da questo rapido panorama[20], si è sempre dinanzi a una molteplicità di forme conoscitive, che impongono una conclusione: l'assolutizzazione di una sola forma comprometterebbe la totalità della conoscenza personale, che può darsi sempre e solo come un atto globale. È necessario, quindi, rapportarsi sempre all'oggetto che deve essere conosciuto per verificare le forme più coerenti che ne permettono la sua conoscenza adeguata e coerente.

Diventa importante, a questo punto, verificare come la fede sia una forma mediante la quale si conosce la rivelazione. Diverse teorie sono state formulate sulla possibilità di una *fides philosophica*[21];

[20] Cfr. A. Halder, *Conoscenza*, in *Sacramentum Mundi* II, pp. 582-609.

[21] Cfr. K. Jaspers, *La fede filosofica*, pp. 55-87; W. Weischedel, *Il Dio dei filosofi*, Il Melangolo, Genova 1971, pp. 265-279; H. Gollwitzer - W. Weischedel, *Credere e pensare*, Marietti, Casale Monferrato (AL) 1982, pp. 46-53; B. Welte, *Sulla traccia dell'eterno*, Jaca Book, Milano 1976, pp. 27-52.

il tema non rientra in queste pagine che sono di carattere maggiormente teologico. La conoscenza che proviene dalla fede è determinata dal suo oggetto; la tradizione teologica ha sempre fatto sua l'espressione di san Tommaso: *actus fidei specificatur ab obiecto*, l'atto di fede è determinato dall'oggetto in cui si crede. In forza di questo, si è rimandati al primato della rivelazione. La peculiarità di conoscenza attraverso la fede è specificata dalle determinazioni che l'evidenza della rivelazione pone nei confronti della capacità conoscitiva del credente. La fede, per sua natura, è già inserita nella rivelazione che la pone come condizione di possibilità per la conoscenza coerente del suo contenuto. Senza la fede, insomma, non si potrebbe conoscere realmente in pienezza l'oggetto della rivelazione; come dire, senza l'intelligenza che proviene primariamente dalla rivelazione non è possibile pensare di entrare all'interno del suo circuito gnoseologico (cfr. Lc 24,45; 1Cor 2,11)[22]. In termini molto coerenti, questo processo viene definito da Paolo quando scrive: «Noi non conosciamo più nessuno secondo la carne e anche se abbiamo conosciuto Cristo secondo la carne, ora non lo conosciamo più così» (2Cor 5,14). È come se l'apostolo dicesse che la conoscenza «storica» o «critica» che si può avere della rivelazione ha un suo spazio che va giustamente conservato; la fede, comunque, impone di andare oltre. In forza del battesimo, infatti, si è divenuti una «creatura nuova»; è necessario, quindi, esprimere con la fede questa nuova identità. Come si nota, la libertà del credente e la

[22] Per un orizzonte storico del problema, cfr. E. Kunz, *Conoscenza della credibilità e fede (analysis fidei)*, pp. 493-536.

sua capacità critica sono in ogni caso salvaguardate; sono forme, infatti, già presenti nella rivelazione con la quale Dio si comunica all'umanità, lasciando comunque ognuno sempre libero nella decisione di porsi alla sua sequela. In una parola, l'uomo si realizza pienamente nella relazione perenne con Dio; egli è creato per la fede e per questo atto che ontologicamente lo trasformerà nella sua struttura personale. Con ragione J. Raztinger può scrivere: «È indispensabile rilevare con la massima chiarezza una cosa: ogni uomo deve in qualche maniera prendere posizione di fonte al settore delle decisioni fondamentali, e nessun uomo è in grado di farlo se non appigliandosi a una fede. Esiste una zona che non permette altra risposta fuorché quella di una fede, così che nessun uomo può sottrarvisi completamente. Ogni uomo deve "credere" in qualche cosa»[23].

Perché il discorso prenda corpo, comunque, è necessario osservare che la fede stessa si esprime in diverse forme; evidentemente, sono espressioni tra loro reciproche e complementari che costituiscono l'unicità dell'atto. È possibile riconoscere una triplice struttura che permette di scoprire: l'*intelligenza* del mistero, che impegna la ragione e che si dà come garanzia di libertà nella scelta personale di decidersi per Cristo; la celebrazione ed evocazione del mistero nella *liturgia*, che permette di verificare la coerenza tra ciò che viene creduto e ciò che viene pregato (*lex credendi* e *lex orandi*); la *testimonianza* nella carità che rende visibile la decisione di vivere coerentemente la fede nella *sequela Christi*. Nessuna di queste tre forme può pretende-

[23] J. Raztinger, *Introduzione al cristianesimo*, p. 39.

re di esprimere tutta la fede; eppure, ognuna delle tre ha in sé i tratti caratteristici e peculiari che la fanno esistere in forma propria. Se, da una parte, ognuna rimanda all'altra per una sua pienezza, dall'altra, ognuna non si può concepire come espressione della fede se non in relazione con l'altra[24]. Lo stesso, d'altronde, avviene per l'intera vita teologale; la fede non può essere vissuta separata dalla speranza e dalla carità, senza perdere la propria identità[25]. Un'analisi di questo genere permette di concludere che la fede conosce l'oggetto di sua competenza non solo attraverso la conoscenza critica che di volta in volta interroga con la ragione, ma anche mediante l'evocazione dell'atto liturgico e la testimonianza vissuta della carità.

Senza voler dimenticare queste due ultime espressioni, è importante sottolineare la forma di conoscenza che indaga sul mistero della rivelazione. Per sua natura, la fede quando conosce non si ferma al solo contenuto raggiunto; essa sa, invece, che è rinviata continuamente alla profondità del mistero che professa. Il significato profondo che la fede possiede è dovuto alla capacità di poter rinviare sempre al di là di se stessa e in ogni caso al mistero più profondo di Dio. Tutto ciò che la fede e la teologia possono dire sull'esistenza personale e sul mondo ha senso solo e fino a quando è dato, come insegna san Tommaso, *sub ratione Dei*. Questo permette di verificare la fede, anzitutto,

[24] Cfr. J. Alfaro, *Cristologia e antropologia*, pp. 479-554.

[25] Id., *Speranza cristiana e liberazione dell'uomo*, Queriniana, Brescia 1972, pp. 33-104; M. Cozzoli, *Etica teologale*, San Paolo, Cinisello Balsmo (Mi) 1992, pp. 283-287; T. Söding, *Die Trias Glaube, Hoffnung, Liebe bei Paulus*, Stuttgart 1992; R. Fisichella, *Quando la fede pensa*, pp. 116-132.

come una conoscenza *globale* che, per sua natura, è finalizzata all'acquisizione del senso ultimo e definitivo, principio e causa di un'esistenza che si attua nell'orizzonte della verità rivelata. La verità accolta *dalla* fede e *nella* fede di nulla priva il credente della propria autonomia e libertà; solo fa comprendere che vi è un movimento diverso. Esso non si costituisce a partire dalla persona che conosce la verità, come se fosse il frutto della propria riflessione; piuttosto, consente di comprendersi immersi nella verità e in cammino dentro di essa per un suo possesso sempre più globale che, dinamicamente, tende verso il futuro escatologico (cfr. Gv 16,13).

In questo contesto, si è rimandati alla nostra tesi di fondo che pone l'amore come la condizione necessaria per compiere un atto di fede pieno. Viene in aiuto un testo di sant'Agostino che permette di tenere unite sia la capacità di comprendere la verità sia la necessità della propria libertà: «Quando ascolti: Nessuno viene a me se non è attratto dal Padre, non pensare di essere attratto per forza. Anche l'amore è una forza che attrae l'anima... Come posso credere di mia volontà se vengo attratto? Rispondo: Non è gran cosa essere attratti da un impulso volontario, quando anche il piacere riesce ad attrarci. Che significa essere attratti dal piacere? Esiste un piacere del cuore, per cui esso gusta il pane celeste. Che se il poeta (Virgilio) ha potuto dire: Ciascuno è attratto dal suo piacere, non dalla necessità, ma dal piacere, non dalla costrizione ma dal diletto; a maggior ragione possiamo dire che si sente attratto da Cristo l'uomo che trova il suo diletto nella verità, nella beatitudine, nella giustizia, nella vita eterna, in tutto ciò insomma che è Cristo. Se i sensi del corpo hanno i loro piaceri, perché non l'anima non li dovrebbe avere?... Dammi un cuore che ama e capirà ciò che dico... Questa rivelazione è essa stessa un'attrazione. Tu mostri alla pecora un ramo verde, e l'attrai. Mostri delle noci a un bambino e questo viene attratto: egli corre dove si sente attratto; è attratto da ciò che ama, senza che subisca alcuna costrizione; è il suo cuore che rimane avvinto. Ora se queste cose che appartengono ai gusti e ai piaceri terreni, esercitano tanta attrattiva su coloro che amano non appena vengono loro mostrate – poiché veramente "ciascuno è attratto dal suo piacere" – quale attrattiva eserciterà Cristo rivelato dal Padre? Che cosa desidera l'anima di più ardente della verità? Di cosa dovrà essere l'uomo avido, a quale scopo dovrà custodire sano il palato interiore, esercitato il gusto, se non per mangiare e bere la sapienza, la giustizia, la verità e l'eternità? »[26].

La comprensione del *senso* dell'esistenza, quindi, è ciò che garantisce al credente la sua più alta azione di libertà; in essa, infatti, egli coglie in un tutt'uno sia il senso globale della sua esistenza – superando la frammentarietà a cui è sempre sottoposta per l'agire storico – sia la finalizzazione della propria vita tesa verso il raggiungimento di questo compimento. In una parola, egli raggiunge la conoscenza della dimensione veritativa della propria esistenza alla luce di un principio unitario colto, nello stesso tempo, come causa e fine della propria realizzazione. Con ragione *Fides et ratio* afferma: « L'uomo, per natura, ricerca la verità. Questa ricerca non è destinata solo alla conquista di verità parziali, fattuali o scientifi-

[26] Agostino, *In Joh. Ev.*, 26,5.

che; egli non cerca soltanto il vero bene per ognuna delle sue decisioni. La sua ricerca tende verso una verità ulteriore che sia in grado di spiegare il senso della vita; è perciò una ricerca che non può trovare esito se non nell'assoluto. Grazie alle capacità insite nel pensiero, l'uomo è in grado di incontrare e riconoscere una simile verità. In quanto vitale ed essenziale per la sua esistenza, tale verità viene raggiunta non solo per via razionale, ma anche mediante l'abbandono fiducioso ad altre persone, che possono garantire la certezza e l'autenticità della verità stessa. La capacità e la scelta di affidare se stessi e la propria vita a un'altra persona costituiscono certamente uno degli atti antropologicamente più significativi ed espressivi» (*FR* 33).

Come si è accennato in precedenza, comunque, ognuno ha bisogno di far riferimento alla propria esperienza personale. Ciò significa che, credendo, ognuno percepisce la propria vita in uno spazio più ampio di quello vissuto e riesce a cogliere un senso talmente globale che consente l'inizio di una nuova fase della propria esistenza. In altre parole, pur rimanendo legati alla propria storia personale, la fede permette di recepire un senso completamente nuovo e inaspettato che non può provenire dalla nostra riflessione, ma solo da un dono che Dio compie rivelandosi. Questa conoscenza nuova di se stessi, che si compie nella fede e con la fede, ha possibilità di attuazione se si pone in essere la *rinuncia creativa*[27]; ciò significa la decisione di uscire

[27] Per *rinuncia creativa* si intende la capacità del soggetto di esprimere al pieno la propria libertà. Questa, infatti, si attua nel momento in cui posto nella condizione di dover scegliere, è consapevole della necessità di dover rinunciare a qualcosa. È l'atto della rinuncia che permette la scoperta della libertà e si fa esso stesso

da se stessi per entrare liberamente nell'orizzonte della fede. Insomma, la consapevolezza del proprio limite, l'incapacità a dare senso pieno alla propria vita, la presenza del male che non può mai essere dimenticato portano a verificare che qualcosa di nuovo viene proposto e merita di essere seguito. La libertà con la quale si rinuncia a fondare la propria vita su se stessi e a dare senso a partire da sé, sono colti nella fede in un atto che conosce pienamente la propria vita e la nuova vita nella sequela di Cristo. Una conoscenza come questa, tuttavia, richiede ad ognuno l'adesione piena e totale; essa si giustifica a partire dal fatto che viene presentata la verità ultima dell'esistenza nell'atto con il quale Dio stesso si dona pienamente e totalmente all'umanità (cfr. Gv 3,16)[28]. Ciò giustifica a pieno titolo l'uso del termine *assenso*, ineliminabile dalla teologia della fede.

Un ulteriore aspetto merita di essere analizzato; ruota intorno al tema della *memoria* (*anamnesi*) come espressione della conoscenza per fede. Con ragione, J.B. Metz ha insistito sul valore della *memoria della passione e risurrezione di Gesù* per sottolineare la peculiarità della nostra storia e il modo di porsi davanti al mondo, alle società, alle culture e alle filosofie di ogni sorta[29]. Il cristianesimo non

promotore di identità personale. Per una chiarificazione cfr. R. Fisichella, *Ecclesialità dell'atto di fede*, in Id. (a cura di), *Noi crediamo. Per una teologia dell'atto di fede*, pp. 75-77.

[28] Cfr. Id., *Senso della rivelazione*, in *Dizionario di Teologia Fondamentale*, pp. 1124-1125.

[29] Cfr. J.B. Metz, *Dibattito sulla teologia politica*, Queriniana, Brescia 1971, pp. 256-257; Id., *La fede nella storia e nella società*, Queriniana, Brescia 1978, pp. 99-116; Id., *Erinnerung*, in *HPhG* II, pp. 386-396; cfr. pure per lo stesso tema in chiave filosofica H. Bergson, *Matière et mémoire*, Paris 1993[4].

può dimenticare le sue radici; queste lo riportano al primo e germinale punto di innesto di una fede che si riconosce fondata sulla memoria (cfr. Dt 6,20-23; 11,18-21). *Shema' Israel* segna il modo corretto dell'uomo biblico quando si pone di fronte a Dio. Egli rimarrà per sempre colui che fa memoria di un passato come condizione di possibilità per il senso del presente. Per il cristiano, l'evento del mistero pasquale costituisce il perno della memoria che in modo eucaristico guida il presente perenne della Chiesa nell'incontro con il suo Signore. Il tempo, categoria fondamentale per la mente a comprendere se stessa e il reale[30], sembra arrestare il suo inesorabile cammino per cristallizzarsi nel presente di un evento che segna la storia della fede. La teologia, pertanto, con cui la fede pensa e ricerca l'intelligenza del suo contenuto, non solo «ha» una memoria; essa stessa, piuttosto, «è» memoria[31]. L'anamnesi è costitutiva della fede e, quindi, è forma di conoscenza propria anche per la teologia. Essa ha certamente la sua espressione culminante nella liturgia; eppure, in teologia essa diventa espressione mediante la quale l'intelletto credente fonda e recepisce il proprio oggetto. L'intelletto, infatti, accoglie la rivelazione come un dato che viene mantenuto vivo nella memoria della Chiesa. L'anamnesi è una vera conoscenza; lontano da ogni forma di ripetizione ciclica, essa permette di cogliere la storia nel suo movimento dina-

[30] Cfr. G. Lafont, *Dieu, le temps et l'etre*, Paris 1986, pp. 24-32, trad. it. *Dio, il tempo, e l'essere*, Piemme, Casale Monferrato (AL) 1992.

[31] J.B. Metz, *Spirito dell'Europa - Spirito del Cristianesimo*, in G. Ferretti (a cura di), *Filosofia e teologia nel futuro dell'Europa*, Genova 1992, pp. 19-28, spec. 24.

mico: l'*inizio*, originato dall'atto creativo di Dio, e la *fine* con il ritorno glorioso del Signore. Essa, infine, è conoscenza piena, perché mantiene in vita ciò che segna la storia di un popolo, frutto di tradizione e di costante interpretazione.

Eppure, nonostante questo, un nemico è sempre presente: l'*oblio*. Dimenticare, che è peculiare dell'uomo, diventa drammatico quando è posto nei confronti della fede. Già l'antico israelita veniva messo sull'avviso di non dimenticare le opere del Signore, pena il disgregarsi della sua stessa vita: «Il Signore tuo Dio sta per farti entrare in un paese fertile: paese di torrenti, di fonti e di acque sotterranee che scaturiscono nella pianura e sulla montagna; paese di frumento, di orzo, di viti, di fichi e di melograni; paese di ulivi, di olio e di miele; paese dove non mangerai con scarsità il pane, dove non ti mancherà nulla; paese dove le pietre sono ferro e dai cui monti scaverai il rame. Mangerai dunque a sazietà e benedirai il Signore Dio tuo a causa del paese fertile che ti avrà dato. Guardati bene dal dimenticare il Signore tuo Dio così da non osservare i suoi comandi, le sue norme e le sue leggi che oggi ti do. Quando avrai mangiato e ti sarai saziato, quando avrai costruito belle case e vi avrai abitato, quando avrai visto il tuo bestiame grosso e minuto moltiplicarsi, accrescersi il tuo argento e il tuo oro e abbondare ogni tua cosa, il tuo cuore non si inorgoglisca in modo da dimenticare il Signore tuo Dio che ti ha fatto uscire dal paese d'Egitto, dalla condizione servile; che ti ha condotto per questo deserto grande e spaventoso, luogo di serpenti velenosi e di scorpioni, terra assetata, senz'acqua; che ha fatto sgorgare per te l'acqua dalla roccia durissima; che nel deserto ti ha nutrito di manna sconosciuta ai tuoi padri, per umiliarti e per provarti, per farti felice nel tuo avvenire. Guardati dunque dal pensare: La mia forza e la potenza della mia mano mi hanno acquistato queste ricchezze. Ricordati invece del Signore tuo Dio perché Egli ti dá la forza per acquistare ricchezze, al fine di mantenere, come fa oggi, l'alleanza che ha giurata ai tuoi padri. Ma se tu dimenticherai il Signore tuo Dio e seguirai altri dèi e li servirai e ti prostrerai davanti a loro, io attesto oggi contro di voi che certo perirete! Perirete come le nazioni che il Signore fa perire davanti a voi, perché non avrete dato ascolto alla voce del Signore vostro Dio» (Dt 8,7-20).

Queste considerazioni riportano a verificare la dimensione della fede come forma di conoscenza e accesso alla verità della rivelazione nella *storicità dell'evento Gesù Cristo*. In lui, la verità viene data nel presente di ogni uomo e tocca il senso dell'esistenza personale, perché possiede – una volta per tutte nella storia dell'umanità – le caratteristiche dell'universalità nella singolarità della sua persona (*universale concretum*)[32]. A differenza di quanto avvenuto in precedenza, nell'evento Gesù di Nazaret si compie qualcosa di talmente originale da non avere confronti con il mondo delle religioni: in lui, la rivelazione di Dio è legata indissolubilmente con la sua persona. In questa prospetti-

[32] Cfr. H.U. von Balthasar, *Teologia della Storia*, Morcelliana, Brescia 1969, pp. 61-70; Id., *Il tutto nel frammento*, Morcelliana, Brecia 1972; W. Löser, *« Universale concretum » come legge fondamentale dell'« oeconomia revelationis »*, in W. Kern - H.J. Pottmeyer - M. Seckler (a cura di), *Corso di teologia fondamentale*, vol. 2, *Trattato sulla rivelazione*, Queriniana, Brescia 1990, pp. 123-138.

va, la fede quando conosce non si ferma alla sola storicità dell'evento, che viene raggiunto in ogni caso tramite la semplice analisi storica e scientifica; essa, per sua natura, è capace di cogliere il significato ultimo che l'evento esprime: la verità sull'uomo e sul mondo da parte di Dio. Ne deriva che quanto più l'esistenza di ognuno si conformerà alla *storia* di Gesù di Nazaret tanto più troverà la verità sulla propria esistenza personale. La fede, comunque, in quanto esperta del mistero provocherà la ragione ad andare sempre oltre, senza fermarsi mai, per acquisire le ragioni che permettono di comprendere sempre meglio ciò che già si crede. La verità che si scopre rimanderà a un'ulteriore ricerca con tante altre domande che la ragione giustamente pone; questa, d'altronde, è la natura della rivelazione di Dio: una volta rivelato, egli rimane nascosto e nel nascondimento rivela ulteriormente se stesso. Il credente, pertanto, raggiunge la propria sfera di libertà personale, in quanto si pone davanti alla verità rivelata con una fede che provoca incessantemente a scoprire la presenza di Dio nel progetto di vita che impegna la sua esistenza ogni giorno[33].

[33] A questo punto sarebbe interessante trattare il tema della conoscenza per via di *tradizione*; perché la stessa tradizione è forma di conoscenza oltre che mediazione di conoscenza. Mediante essa si recupera l'espressione di una conoscenza in forza di un'appartenenza. In questo orizzonte cfr. H.U. von Balthasar, *Gloria. Un'estetica teologica*, vol. I: *Percezione della forma*, Jaca Book, Milano 1975, pp. 522-565; un particolare interesse riveste pure il tentativo di teologia fondamentale letto in questo senso da H.J. Verweyen, *La Parola definitiva di Dio. Compendio di teologia fondamentale*, Queriniana, Brescia 2001.

3. La certezza della fede

«Molti sono i modi in cui la verità può essere difesa contro i chiacchieroni e resa accessibile a chi la ricerca: è Dio stesso onnipotente che la rivela mediante se stesso e aiuta coloro che hanno buona volontà a intuirla e contemplarla, per mezzo degli angeli buoni e di alcuni uomini. Spetta poi a ciascuno servirsi del metodo che gli pare più adatto per coloro per i quali dovrà trattare. Da parte mia, dopo aver considerato a lungo e attentamente la questione, nel tentativo di capire quali uomini parlino a vanvera e quali cerchino la verità sul serio ovvero quale io stesso sono stato, sia quando semplicemente cianciavo sia quando l'ho cercata veramente, ho ritenuto che fosse meglio procedere in questo modo: tieni ben saldo ciò che hai riconosciuto come vero e attribuiscilo alla Chiesa cattolica; respingi invece ciò che è falso e poiché sono solo un uomo, perdonami; accetta ciò che ti pare dubbio fino a che o la ragione non ti avrà dimostrato o l'autorità non ti avrà ordinato di respingerlo o di riconoscerlo come vero oppure di continuare a crederlo. Per quanto puoi, dunque, presta attenzione in modo diligente e pio a ciò che segue; Dio, infatti, non può che aiutare gli uomini che si comportano così»[34].

Questo testo di sant'Agostino permette, ancora una volta, di affrontare in maniera coerente la problematica sottesa alla certezza della fede. In poche righe egli traccia un cammino da percorrere, ma nello stesso tempo indica dei criteri che permangono con tutta la loro attualità, per la ricchezza e sag-

[34] Agostino, *De vera Religione*, 10,20.

gezza che contengono. Il rapporto tra la fede e la ragione viene indicato da sant'Agostino in maniera lineare; egli non dimentica, però, il primato della rivelazione che lascia Dio nella sua libertà mentre offre all'uomo la via maestra per raggiungere la certezza della verità.

La rivelazione ha come sua forma coerente di conoscenza la fede, ma questa chiede all'uomo di compiere una scelta radicale e definitiva come appunto il credere. A Dio, d'altronde, o si crede o non si crede; una posizione neutrale di indifferenza non è concessa perché rimarrebbe sempre nella sfera dell'incertezza e del dubbio senza permettere il ritrovamento di un senso. La fede, pertanto, si pone come una decisione radicale, altrimenti non è fede in Gesù Cristo. Una simile decisione, tuttavia, non può essere presa senza un'adeguata conoscenza di ciò che sono chiamato a scegliere; essa, quindi, implica che si possa raggiungere una certezza tale da consentire di fondare la propria vita e il suo senso definitivo su un contenuto stabile, certo e sicuro. Come scrive Giovanni Paolo II: «Le ipotesi possono affascinare, ma non soddisfano. Viene per tutti il momento in cui, lo si ammetta o no, si ha bisogno di ancorare la propria esistenza a una verità riconosciuta come definitiva, che dia certezza non più sottoposta al dubbio» (*FR* 27).

La certezza esistenziale di avere trovato un senso alla propria vita nella fede deve, comunque, essere espressa attraverso la professione dei suoi contenuti che vengono ritenuti con certezza nella loro verità. Come insegna l'apostolo: «Con il cuore si crede per ottenere la giustizia e con la bocca si fa la professione di fede per avere la salvezza» (Rm 10,10). Credere, quindi, non è solo un'esperienza intima, ma anche espressione verbale che passa attraverso il linguaggio. Qui nasce il grande problema della fede: come poter esprimere in linguaggio umano il mistero che tocca Dio, la sua esistenza e la sua rivelazione? Dalla prospettiva filosofica il problema non è affatto secondario. Rimane ferma la proposizione conclusiva del *Tractatus logico-philosophicus*: «Ciò di cui non si può parlare, bisogna tacere»[35], pena il non senso del proprio linguaggio. Il linguaggio del mistero rimane rinchiuso all'interno di una «gabbia» che impedisce di esprimere con certezza i suoi contenuti; ultima possibilità che viene concessa dalla scuola analitica rimane quella del «gioco linguistico» (*Sprachspiel*). Si può parlare di Dio, ma solo all'interno di un gruppo che ne comprende il senso e ne condivide la grammatica; fuori da questo spazio, tutto rimane privo di senso.

La fede non potrebbe vivere sotto questo ricatto. Essa ha bisogno di esprimere la rivelazione con un linguaggio che possa essere universale, capace di raggiungere ogni persona in ogni parte della terra e in ogni tempo, pur sapendo che quel linguaggio è carico di inadeguatezza e insufficienza nel momento in cui deve esprimere il mistero di Dio. Nonostante questa consapevolezza, essa non può rinunciare ad affermare con *certezza* che nel suo proprio linguaggio, pur nella limitatezza che esso possiede, viene ad essere attestata la verità dell'esistenza di Dio e il mistero della sua rivelazione. Se la risurrezione è un fatto reale e non una semplice esperienza dei discepoli che attestano di averlo visto, allora in quanto fatto deve essere espresso in un linguaggio che lo afferma e ne dice la verità.

[35] L. Wittgenstein, *Tractatus logico-philosophicus*, prop. 6.

Alla stessa stregua l'espressione che lo nega: «Cristo non è risorto» deve in ogni caso poter essere detta. Ora, non è possibile che le nostre affermazioni siano vere e false nello stesso tempo; se così fosse non ci sarebbe alcuna possibilità di vita personale, perché non potrebbe mai esserci certezza. Nel suo linguaggio, dunque, la fede esprime con certezza la verità del mistero che professa. Il limite del linguaggio, quindi, non può essere di impedimento alla certezza della verità che viene espressa. Ne deriva che il credente non dubita della propria fede, ma con il suo assenso rende evidente la sua certezza nei contenuti professati.

La certezza si oppone al dubbio così come la verità all'opinione. Il dubbio, per sua natura, rimane indifferente dinanzi a ogni proposizione, si rifiuta di comporre un giudizio con il quale giudicare vero o falso un contenuto e in questa astensione esprime lo scetticismo che incarna. Poiché abbiamo collegato costantemente la fede all'amore è ovvio che anche in questo frangente un riferimento sia necessario. Cosa sarebbe un amore costantemente sottoposto al dubbio? Esso cesserebbe; anzi, non sarebbe mai esistito. L'amore, infatti, vive di certezza e dona certezza; solo a questa condizione si offre come amore gratuito senza dimostrazione né prova alcuna. L'amore fa riferimento solo a se stesso, alla sua verità e al linguaggio suo proprio. Se il dubbio entrasse nell'amore, come nella fede, svolgerebbe un ruolo di corrosione che frantumerebbe ogni relazione e lascerebbe cadere nell'angoscia dell'incertezza. Ciò non significa che la fede non indaghi sempre di più i propri contenuti per avere un'intelligenza più profonda del mistero. La sottile distinzione tra non dubitare, ma indagare, ha un suo valore profondo e qualifica la ragione stessa del credere. La fede, quindi, vive della certezza che quanto accoglie in sé è rivelazione di Dio il quale « non può né ingannarsi né ingannare » (*DS* 3008); ciò comporta la verità della sua parola e la credibilità intrinseca di quanto rivela. È interessante, in proposito, osservare che fin dalle prime professioni di fede la Chiesa ha sentito la necessità di aggiungere al « credo » l'avverbio « fermamente »[36] per confermare la certezza dei contenuti.

L'impegno all'uso della ragione che indaga i contenuti della fede è essenziale per il credente. La fede, come si è più volte ribadito, è anzitutto una scelta di vita con la quale si riconosce la rivelazione di Gesù Cristo come sorgente e fine della propria ricerca di senso. Affidare a lui la propria vita è possibile, ma deve essere segno di una decisione compiuta in piena libertà. In forza di questa libertà si deve essere capaci di comprendere e valutare il contenuto della fede; ne va della fede stessa e della dignità del credente. In ogni momento, infatti, ognuno è chiamato a saper dare ragione della propria scelta (cfr. 1Pt 3,15). Ora, non si può porre sotto controllo la parola di Dio che, proprio perché tale, rimane sempre nella sua libertà assoluta, mentre l'esercizio della propria libertà impone che sia sottoposto ad analisi. La fede presenta dei segni che interpellano a prendere posizione. Gesù Cristo, la sua Chiesa, i sacramenti della vita cristiana, il decalogo… questo linguaggio della rivelazione, pur con una gerarchia veritativa, è posto dinanzi al credente perché con la sua ragione indaghi per trovare elementi che consentano l'esercizio

[36] Cfr. J. Alfaro, *Cristologia e antropologia*, p. 337.

della vera libertà. Certamente, a diverso livello, si sarà interpellati da Cristo e dalla Chiesa a vivere un'esistenza di amore. In forza di questo il credente sente quella chiamata rivolta proprio a sé, nell'intimo e nel concreto della sua vita; lì, pertanto, decide di donarsi e di compiere un cammino che giorno dopo giorno gli consentirà di avere un'intelligenza sempre più grande di sé e del mistero nel quale è inserito. Per dirla con le parole del Concilio Vaticano II: « In realtà solamente nel mistero del Verbo incarnato trova vera luce il mistero dell'uomo. Adamo, infatti, il primo uomo, era figura di quello futuro e cioè di Cristo Signore. Cristo, che è il nuovo Adamo, proprio rivelando il mistero del Padre e del suo amore svela anche pienamente l'uomo all'uomo e gli fa nota la sua altissima vocazione. Nessuna meraviglia, quindi, che tutte le verità su esposte trovino in lui la loro sorgente e tocchino il loro vertice » (*GS* 22).

La chiamata a vivere la fede in Gesù Cristo sarà sempre sottoposta all'impossibilità di dare piena risposta, così come la ragione vorrebbe. Quando è Dio che chiama, d'altronde, bisogna anche essere capaci di cedere alle sue ragioni senza far prevalere le nostre. Questo nulla toglie alla libertà del credente che sa di essere tale soprattutto per un amore che gli è andato incontro quando meno se lo aspettava e in maniera del tutto gratuita, piuttosto che per una ragione che ha soddisfatto le sue curiosità.

Capitolo V

LA FEDE TRASMESSA

1. UNA FEDE PARTECIPATA

«L'ordine corretto del simbolo di fede esigeva che alla Trinità succedesse la Chiesa, come all'inquilino la sua casa, a Dio il suo tempio, al fondatore la sua città: Chiesa che qui bisogna considerare nella sua totalità, non soltanto quella delle sue parti che cammina su questa terra lodando "dal levare del sole fino al tramonto" il nome del Signore (Sal 112,3), e che dopo la sua antica schiavitù canta un cantico nuovo (Ap 5,9), ma anche quella del cielo, che fu sempre unita a Dio fin dal giorno della sua creazione e non provò mai la sventura di una sua caduta»[1].

Tanto è carico di significato e di responsabilità dire «io credo» quanto è commovente ed espressivo professare «noi crediamo». L'uno non annulla l'altro; il secondo non limita il primo né il primo può essere pronunciato con coerenza senza il secondo. «Io credo» e «noi crediamo» sono due facce della stessa medaglia che esprimono la verità della fede cristiana: un atto personale, ma partecipato. Presumere di professare la fede in prima persona, prescindendo dal fatto che la prima autentica professione di fede è compiuta dalla Chiesa,

[1] Agostino, *Enchiridion*, 15,56.

equivale a snaturare l'atto stesso del credere cristiano. La Chiesa non è solo contenuto della fede, è, in prima istanza, soggetto che crede al suo Signore e nella sequela fedele alla sua parola pone l'essenza della sua stessa esistenza. Con parole che la tradizione fa risalire a sant'Ambrogio, la Chiesa canta nelle solennità: *Te per orbem terrarum sancta confitetur Ecclesia*, la santa Chiesa proclama la gloria del Signore. La Chiesa, quindi, crede. È la sposa che professa la sua fede nel Dio di Gesù Cristo e con intensità attende il suo ritorno alla fine dei tempi. Attraverso i secoli, forte della testimonianza dei martiri, confessa che Gesù è il Signore e senza cedimenti opera perché il mondo accolga il suo vangelo. Forte di una trasmissione viva che passa di generazione in generazione, essa confessa integro il deposito della fede e non permette che alcuno ne alteri il contenuto. La Chiesa, dunque, è la prima credente e trova in Maria l'icona perfetta del suo essere discepola del Signore.

Fin dagli inizi del cristianesimo, il credente ha concepito il suo divenire cristiano come l'ingresso nella comunità dei redenti. Sparsa per il mondo intero, inserita nelle diverse terre, nazioni e lingue, la Chiesa ha sempre professato l'unica fede nel Signore Risorto, Figlio di Dio e Salvatore dell'umanità. Il segno concreto ed evidente di questa fede è sempre stato il battesimo; con quell'atto, ognuno affermava la propria libera scelta di convertire se stesso al vangelo che la Chiesa proclamava. È da questa fede che nasce la convinzione che la Chiesa è una madre che genera sempre nuovi figli nelle acque battesimali, perché non venga mai a esaurirsi il popolo scelto da Dio per dare una lode ininterrotta al suo nome. Valgono più che mai in questo contesto le parole del vescovo Agostino: « Onorate, amate, fate conoscere la santa Chiesa, vostra madre, come la Gerusalemme celeste, la santa città di Dio; essa fruttifica e cresce nella fede che avete sentita, attraverso il mondo intero; essa, la Chiesa del Dio vivo, colonna e potenza della verità »[2].

Dopo duemila anni della nostra storia, nulla è cambiato da questa prospettiva. La Chiesa continua a proclamare la parola di Dio come ultima risposta alla domanda di senso di ogni persona e chiede che l'acqua battesimale sia versata sul capo del catecumeno per divenire a pieno titolo figlio di Dio e cristiano. È questo che consente a ognuno di non sentirsi né ospite né straniero in qualsiasi parte del mondo si trovi; dovunque esiste una comunità cristiana là ogni battezzato è di casa perché là la Chiesa professa la sua fede e celebra l'eucaristia come il momento culminante della sua esistenza. Questa consapevolezza è bene espressa dal vescovo di Lione, sant'Ireneo, morto martire intorno all'anno 200, in uno dei testi più antichi della nostra tradizione teologica: « La Chiesa, benché disseminata su tutto il mondo abitato fino ai confini della terra, ricevette dagli Apostoli e dai loro discepoli la fede in un solo Dio e in un solo Gesù Cristo, il Figlio di Dio, incarnatosi per la nostra salvezza; e nello Spirito Santo... Ricevuto questo messaggio e questa fede, la Chiesa benché disseminata in tutto il mondo, lo custodisce con cura come se abitasse una sola casa; allo stesso modo crede in queste verità, come se avesse una sola anima e lo stesso cuore; in pieno accordo queste verità proclama, inse-

[2] Agostino, *Sermo* 214.

gna e trasmette come se avesse una sola bocca. Le lingue del mondo sono diverse, ma la potenza della Tradizione è unica e la stessa. Né le Chiese fondate nelle Germanie hanno ricevuto o trasmettono una fede diversa, né quelle fondate nelle Spagne o tra i Celti o nelle regioni orientali o in Egitto o in Libia o nel centro del mondo. Ma come il sole, la creatura di Dio, è in tutto il mondo uno solo e il medesimo, così la luce spirituale, il messaggio della verità dappertutto risplende e illumina tutti gli uomini che vogliono giungere alla conoscenza della verità »[3]. La Chiesa, dunque, è la prima credente che permette e rende possibile l'atto del credere di ognuno di noi. In qualche modo, essa segna il confine evidente che intercorre tra il divenire discepolo di Cristo e il non appartenere più al mondo; il superamento del peccato e la giustificazione ricevuta per grazia sono i termini comuni che l'apostolo utilizza per indicare la nuova via che si snoda dinanzi a ogni credente nel professare la fede in Cristo come una partecipazione alla fede della Chiesa[4].

2. Noi crediamo

In un periodo come il nostro, che vede in modo particolare una sempre più estrema forma di individualizzazione del rapporto, risulta difficile poter comunicare in termini facilmente recepibili la dimensione comunitaria del credere. Chiusi sempre

[3] Ireneo, *Adv. Haer.*, 1,9-10.
[4] Interessante in proposito l'analisi di A. von Dobbeler, *Glaube als Teilhabe*, Tübingen 1987, pp. 217-242.

di più in se stessi e illusi di essere il centro del mondo e misura di tutte le cose, il rischio di formarsi una fede a proprio uso e consumo non è più solo una tentazione, ma una trappola in cui molti sono già caduti. È necessario, quindi, ripercorrere la logica dell'atto di fede perché non venga alterato, illudendo sulla coerenza del credere. Certamente la Chiesa non è Dio e non può chiedere che si creda in lei alla stessa stregua di come si professa la Trinità. La Chiesa, però, è il corpo della Trinità, per usare l'espressione ardua di Tertulliano, e in quanto corpo di Cristo è il segno evidente della sua presenza nel mondo e lo strumento attraverso cui egli chiama tutto il genere umano all'unità. Nella sua formulazione sintetica, il *Catechismo della Chiesa Cattolica* attesta con coerenza che: «"Io credo" è la fede della Chiesa professata personalmente da ogni credente, soprattutto al momento del battesimo. "Noi crediamo" è la fede della Chiesa confessata dai vescovi riuniti in concilio o, più generalmente, dall'assemblea liturgica dei credenti. "Io credo" è anche la Chiesa nostra madre, che risponde a Dio con la sua fede e che ci insegna a dire: "Io credo", "Noi crediamo"»[5].

Quasi fosse un commento a questo brano, R. Guardini poteva scrivere decenni prima: «La Chiesa è il "noi" nella fede; è l'insieme, la comunità dei credenti; è la collettività credente. Non solamente la preghiera, ma anche la fede cristiana deve dire: "noi". Anch'essa, infatti, è radicata nel "noi" preso come totalità. Il vero "noi" è più che la somma degli individui; è un movimento prodotto da tutti gli individui. La vera collettività, la totalità è

[5] *Catechismo della Chiesa Cattolica*, n. 167.

più che la semplice organizzazione di più persone; è una vasta, viva struttura di cui ciascuno è membro. Cento uomini che si presentano a Dio come *ekklesia* rappresentano più che l'addizione di cento individui; essi formano una comunità viva, credente. Intendiamoci: non solo una semplice "comunità" nel senso ancora soggettivo della parola, indicante una realtà sorta dal bisogno comunitario dell'individuo. L'origine di questa comunità, la sua consistenza e il suo valore non dipendono da questo bisogno; essa ha un'altra origine, prende consistenza e valore da qualche cosa d'altro: essa è la Chiesa »[6]. Come dire: la fede che ogni credente professa non è altro che la fede stessa della Chiesa partecipata nella misura della propria crescita e della dinamica diveniente del divenire cristiano. Non è senza significato, allora, l'invito del vescovo di Gerusalemme, san Cirillo, che nelle sue *Catechesi* sollecitava i cristiani: « Abbraccia e conserva la fede che ti è data dalla Chiesa »; gli faceva eco sant'Agostino con parole diverse, ma identico nel concetto: « Vedi il seno della nostra madre Chiesa. Essa ti alleva e ti fa giungere alla luce della fede »[7].

3. La memoria contro l'oblio

« I santi Apostoli si riunirono e fecero un breve riassunto della fede, perché potessimo comprendere in breve lo sviluppo di tutta la fede. La brevità è necessaria perché la conservassimo sempre nella memoria e nel cuore... Io dissi dunque che

[6] R. Guardini, *La vita della fede*, pp. 119-120.
[7] Agostino, *Sermo* 216.

gli Apostoli hanno composto il Simbolo... Tale è il Simbolo che la Chiesa di Roma conserva, quella dove il primo degli Apostoli, Pietro, ebbe la propria sede e comunicò la comune sentenza»[8]. Il testo, attribuito a sant'Ambrogio, riporta per la prima volta il riferimento alla composizione del simbolo da parte degli apostoli. Nella nostra trattazione della fede il tema riveste una particolare importanza, perché esprime l'unità del contenuto di fede e la professione che di esso ne fa la Chiesa e ogni credente nel corso dei secoli.

La Sacra Scrittura è ricca di professioni di fede. Già l'Antico Testamento permette di verificare la loro presenza e il valore che rivestivano per il popolo di Israele. Un chiaro esempio è fornito dal testo che l'ebreo era chiamato a recitare presentandosi davanti al sacerdote nel tempio: «Tu pronuncerai queste parole davanti al Signore tuo Dio: Mio padre era un Arameo errante; scese in Egitto, vi stette come un forestiero con poca gente e vi diventò una nazione grande, forte e numerosa. Gli Egiziani ci maltrattarono, ci umiliarono e ci imposero una dura schiavitù. Allora gridammo al Signore, al Dio dei nostri padri, e il Signore ascoltò la nostra voce, vide la nostra umiliazione, la nostra miseria e la nostra oppressione; il Signore ci fece uscire dall'Egitto con mano potente e con braccio teso, spargendo terrore e operando segni e prodigi, e ci condusse in questo luogo e ci diede questo paese, dove scorre latte e miele» (Dt 26,6-9)[9].

[8] Ambrogio, *Esposizione del Simbolo*, 2.7.

[9] «Questo testo non è una preghiera – non vi è né invocazione né supplica – ma una vera e propria professione di fede», G. von Rad, *Teologia dell'Antico Testamento*, vol. I, Paideia, Brescia 1972, p. 150. Un altro testo simile, che veniva recitato dal capo fa-

Il Nuovo Testamento è una ricca miniera di professioni di fede; sono brevi, immediate e contengono *in nuce* il mistero della rivelazione compiuta da Dio in Gesù Cristo. Si possono riconoscere differenti strutture di professione di fede che si classificano come: *semplici* e *complesse*. «Tu sei il Cristo» (Mc 8,29), «Gesù è il Signore» (1Cor 12,3) sono le primitive formule semplici che, successivamente, si amplificano in alcune più complesse quali, ad esempio: «Confesserai con la tua bocca che Gesù è il Signore e crederai con il tuo cuore che Dio lo ha risuscitato dai morti» (Rm 10,9). Ciò che è importante osservare, comunque, è che le singole professioni hanno sempre al centro l'evento della morte e risurrezione di Gesù Cristo (cfr. At 2,23-24); da qui si sviluppa successivamente un contenuto che, a cerchi concentrici, aggiunge diversi aspetti della vita del Signore e del suo insegnamento, fino a concludersi nell'elaborazione della forma trinitaria, come è attestato dalla conclusione del vangelo di Matteo: «Battezzate nel nome del Padre del Figlio e dello Spirito Santo» (Mt 28,19).

miglia nella notte pasquale, riporta i fatti della storia della salvezza con l'intento di esaltare le opere compiute da Jhwh a favore del suo popolo: «Quando in avvenire tuo figlio ti domanderà: Che significano queste istruzioni, queste leggi e queste norme che il Signore nostro Dio vi ha date? Tu risponderai a tuo figlio: Eravamo schiavi del faraone in Egitto e il Signore ci fece uscire dall'Egitto con mano potente. Il Signore operò sotto i nostri occhi segni e prodigi grandi e terribili contro l'Egitto, contro il faraone e contro tutta la sua casa. Ci fece uscire di là per condurci nel paese che aveva giurato ai nostri padri di darci. Allora il Signore ci ordinò di mettere in pratica tutte queste leggi, temendo il Signore nostro Dio così da essere sempre felici ed essere conservati in vita, come appunto siamo oggi. La giustizia consisterà per noi nel mettere in pratica tutti questi comandi, davanti al Signore Dio nostro, come ci ha ordinato» (Dt 6,20-25).

In questo contesto, è necessario fare menzione del primo testo che l'apostolo Paolo riceve dalla tradizione orale e lui stesso trasmette per la comunità di Corinto, chiamandolo semplicemente «il vangelo»: «Vi rendo noto, fratelli, il vangelo che vi ho annunziato e che voi avete ricevuto, nel quale restate saldi, e dal quale anche ricevete la salvezza, se lo mantenete in quella forma in cui ve l'ho annunziato. Altrimenti, avreste creduto invano! Vi ho trasmesso dunque, anzitutto, quello che anch'io ho ricevuto: che cioè Cristo morì per i nostri peccati secondo le Scritture, fu sepolto ed è risuscitato il terzo giorno secondo le Scritture, e che apparve a Cefa e quindi ai Dodici» (1Cor 15,1-5)[10]. Ognuna di queste professioni evidenzia lo sviluppo della fede e la comprensione sempre più coerente del mistero di Gesù Cristo presso gli apostoli e i primi discepoli. Non meraviglia, dunque, dinanzi a queste multiformi e ricche espressioni del linguaggio di fede, che nei secoli successivi la Chiesa abbia sentito la necessità di elaborare delle professioni che raccogliessero in sintesi i punti centrali della sua predicazione.

Il nome che venne dato a queste formule fu quello di simbolo (σύμβολον). Il termine, assunto dal linguaggio comune, probabilmente quello commerciale, stava a indicare un mettere insieme, un incontrarsi di persone per compiere delle trattative o stipulare dei patti (συμβάλλειν). Un piccolo pezzo di legno veniva spezzato in due e dato

[10] Si ricordi che la formula originale è contenuta nei vv. 3-5 e costituisce il testo più antico di tutto il Nuovo Testamento. Altre espressioni sono facilmente rinvenibili: Rm 1,3-5; Fil 2,5-11; Gal 1,4; 1Ts 4,14; 1Pt 3,18-22; 1Tm 3,16.

alle due parti contraenti in modo tale che dalla sua unione si giungesse al riconoscimento del patto[11]. Analogicamente, il simbolo della fede viene a esprimere il senso originario del termine per indicare il ritrovarsi insieme di alcune persone che si riconoscono nell'unità del segno data dalla comune fede.

Alcuni testi sono certamente importanti per valutare la prassi della Chiesa primitiva; un esempio è dato dal racconto degli Atti degli Apostoli, che costituisce con estrema probabilità una glossa successiva, dove si narra del battesimo dell'eunuco a opera di Filippo: «Un angelo del Signore parlò intanto a Filippo: "Alzati, e va' verso il mezzogiorno, sulla strada che discende da Gerusalemme a Gaza; essa è deserta". Egli si alzò e si mise in cammino, quand'ecco un Etiope, un eunuco, funzionario di Candàce, regina di Etiopia, sovrintendente a tutti i suoi tesori, venuto per il culto a Gerusalemme, se ne ritornava, seduto sul suo carro da viaggio, leggendo il profeta Isaia. Disse allora lo Spirito a Filippo: "Va' avanti, e raggiungi quel carro". Filippo corse innanzi e, udito che leggeva il profeta Isaia, gli disse: "Capisci quello che stai leggendo?". Quegli rispose: "E come lo potrei, se nessuno mi istruisce?". E invitò Filippo a salire e a sedere accanto a lui. E rivoltosi a Filippo l'eunuco disse: "Ti prego, di quale persona il profeta dice questo? Di se stesso o di qualcun altro?". Filippo, prendendo a parlare e partendo da quel passo del-

[11] Agostino riporta la stessa idea quando scrive: «Si chiama simbolo in senso traslato per una certa somiglianza con il simbolo che stipulano tra loro i commercianti e con il quale il loro rapporto viene vincolato con un patto di fedeltà», *Sermo* 212,1.

la Scrittura, gli annunziò la buona novella di Gesù. Proseguendo lungo la strada, giunsero a un luogo dove c'era acqua e l'eunuco disse: "Ecco qui c'è acqua; che cosa mi impedisce di essere battezzato?". Fece fermare il carro e discesero tutti e due nell'acqua, Filippo e l'eunuco, ed egli lo battezzò» (At 8,26-31.34-37).

Questo testo riflette l'esistenza di una prassi già esistente nella comunità primitiva che al momento del battesimo richiedeva una prima professione di fede nel Signore. Nell'*Apologia* che Giustino, uno dei primi maestri e apologeti del cristianesimo, indirizza all'imperatore Antonino Pio e ai suoi due figli adottivi, Marco Aurelio e Lucio Commodo, intorno all'anno 150 circa, si ritrova la descrizione del battesimo. La formulazione ternaria utilizzata da Giustino merita una particolare attenzione: «Ecco la ragione che apprendemmo dagli apostoli. Poiché nulla sapendo della nostra prima generazione, secondo necessità siamo stati generati da umido seme per l'unione dei genitori e per natura abbiamo cattivi costumi e malvagie inclinazioni, per non rimanere figli della necessità e dell'ignoranza, bensì di libera scelta e di sapienza, e per ottenere la remissione dei peccati commessi prima, su colui che ha deciso di rigenerarsi e si è pentito dei peccati si invoca nell'acqua il nome di Dio Padre e Signore dell'universo: e questo solo nome pronuncia chi conduce al lavacro colui che deve sottoporvisi. Nessuno infatti può dare un nome al Dio ineffabile; e se qualcuno osasse dire che ne esiste uno, sarebbe inguaribilmente pazzo. Questo lavacro si chiama "illuminazione", perché coloro che comprendono queste cose sono illuminati nella mente. E chi deve essere illuminato viene lavato nel nome di Gesù Cristo, crocifisso sotto Ponzio Pilato; e nel nome dello Spirito Santo che ha preannunziato per mezzo dei profeti tutti gli eventi riguardanti Gesù»[12]. Questa struttura, che richiama direttamente al mistero trinitario, rimane come la cellula madre intorno a cui si costituiranno tutte le successive professioni di fede. Tertulliano è il primo autore, intorno all'anno 160 circa, che permette di conoscere l'esistenza di una risposta (*responsio*) che il catecumeno doveva dare prima di ricevere il battesimo e, per la prima volta, si trova esplicitata anche la menzione della Chiesa: «Poiché la professione di fede viene compiuta sotto il nome della Trinità e viene dato in pegno la salvezza, è necessario che si aggiunga la menzione della Chiesa, perché dove vi sono i tre cioè il Padre, il Figlio e lo Spirito Santo, lì c'è anche la Chiesa che è il corpo dei Tre»[13].

Il primo e più antico testo «completo» di professione di fede, comunque, viene attribuito a Ippolito, il quale nella sua *Traditio apostolica*, scritta intorno al 215, descrive la prassi battesimale della Chiesa di Roma e per questo viene ricordato come il *simbolo romano*: «Questi discenda nell'acqua e colui che lo battezza gli imponga la mano sul capo dicendo: Credi in Dio Padre onnipotente? E il battezzando risponda: credo; lo battezzi quindi una prima volta, tenendogli la mano posata sul capo. Poi dica: Credi in Gesù Cristo, Figlio di Dio, che è nato per opera dello Spirito Santo dalla vergine Maria, è morto ed è stato sepolto, risuscitò vivo da morte il terzo giorno, salì al cielo, siede alla

[12] Giustino, *Apologia* I, LXI,6-8.
[13] Tertulliano, *De Baptismo*, VI; *PL* I, 1206.

destra del Padre, verrà a giudicare i vivi e i morti? E quando avrà detto: credo, lo battezzi una seconda volta. Quindi gli chieda di nuovo: Credi nello Spirito Santo, nella santa Chiesa e nella risurrezione della carne? Colui che è battezzato dica: credo e così lo battezzi una terza volta»[14].

Come si nota, la struttura della professione battesimale è composta in maniera ternaria e interrogativa; il catecumeno con la sua triplice risposta attestava di conoscere il credo della Chiesa e di voler essere battezzato in essa. È utile ricordare, in questo contesto, che la prassi della Chiesa dei primi secoli comportava per i catecumeni un duplice momento della professione di fede: la *traditio* e la *redditio symboli*. Con la *traditio* veniva loro consegnato il testo del credo, segno della loro ormai prossima ricezione del battesimo, perché venisse imparato a memoria; con la *redditio* essi ne facevano pubblica professione davanti alla comunità raccolta per celebrare il loro battesimo.

4. La testimonianza della tradizione agostiniana

Un accenno particolare in tal senso merita sant'Agostino; i suoi scritti, infatti, permettono di accedere a una comprensione profonda della prassi della Chiesa in proposito. È necessario ritornare a opere quali *De fide et symbolo*, *De catechizandis rudibus*, e a diversi *Sermones* per individuare l'attività catechistica di Agostino in riferimento alla professione di fede. In questi testi è facile ritrovare

[14] Ippolito, *Traditio apostolica*, 21.

pagine tra le più belle della predicazione agostiniana; l'attività di catecheta, d'altronde, è ciò che il vescovo di Ippona riteneva come sua opera peculiare per evangelizzare, per correggere e per rafforzare il suo popolo, soprattutto i neofiti ai quali dedicava una cura del tutto particolare[15]. Da questi testi è possibile sintetizzare alcuni tratti interessanti per il nostro tema.

1. Il primo dato che emerge è la *pluralità* di professioni di fede. Nei testi a nostra disposizione si possono ricostruire almeno tre simboli; le differenze non sono grandi, ma evidenziano un fatto: le diverse Chiese avevano un loro simbolo di riferimento. Agostino sembra preferire in generale quello della Chiesa di Roma; ci sono, comunque, altri testi in cui fa riferimento al credo africano. La fede è certamente più ricca di quanto il simbolo possa contenere; eppure, le singole professioni evidenziano il tentativo di ridurre in sintesi armonica i suoi contenuti essenziali. È per questo motivo che la professione raccoglie un'attenzione costante presso i Padri della Chiesa; questi, infatti, concepiscono il loro ministero pastorale partendo anzitutto dalla spiegazione del credo. Il vescovo, quindi, con la sua predicazione entra nel merito dei singoli articoli del simbolo, ne sviluppa i contenuti e ne corregge le interpretazioni sbagliate che vengono

[15] «Pur nella limitatezza della nostra età e dei nostri primi passi, come prova dell'impegno assunto e come prova dell'amore per voi, noi che già vi assistiamo come ministri dell'altare a cui state per accostarvi, non vi dobbiamo far mancare neanche il servizio del nostro discorso». Il testo appartiene a uno dei primissimi discorsi di Agostino; con molta probabilità il discorso venne pronunciato nella Quaresima del 391 agli esordi della sua attività di presbitero; *Sermo* 214,1.

date dagli eretici[16]. È così che si crea sviluppo nella dottrina, intelligenza coerente presso il popolo e crescita nella fede della Chiesa[17].

2. Un secondo elemento interessante che i testi di sant'Agostino permettono di ritrovare, è l'obbligo di *imparare a memoria* il credo. La disciplina dell'arcano vede il vescovo di Ippona pienamente fedele all'insegnamento ricevuto a suo tempo da Ambrogio[18]. La cosa appare ancora tanto più interessante, quando si osserva che non solo Agostino non trascrive il testo del credo in quei discorsi che lui stesso scriveva di suo pugno[19], ma anche l'anonimo stenografo della sua predicazione osserva lui pure il divieto e scrive solo la prima e l'ultima pa-

[16] « Dobbiamo provvedere con pia e prudente vigilanza perché tale fede non ci venga intaccata in qualche punto dalle ingannatrici sottigliezze degli eretici. Per questo la fede cattolica è fatta conoscere ai fedeli per mezzo del Simbolo, ed è affidata alla loro memoria, per quanto la materia lo consenta, in un testo molto breve. In tal modo i principianti e i lattanti, cioè coloro che sono rinati da poco in Cristo e che non sono ancora fortificati da una frequentazione assidua e spirituale delle Sacre Scritture e dalla loro conoscenza, sono posti in condizione di credere, con l'aiuto di poche formule, ciò che dovrà poi essere loro esposto con ampi discorsi mano a mano che progrediranno e si disporranno a comprendere la dottrina divina sulla solida base dell'umiltà e della carità », *De fide et symbolo*, 1,1.

[17] « Dunque, la chiarificazione della fede serve a difendere il Simbolo, però non nel senso che essa, per il fatto che deve essere appresa e mandata a memoria, sia destinata a prendere il posto del Simbolo in coloro che ricevono la grazia di Dio, ma nel senso che possa custodire le verità contenute nel Simbolo contro le insidie degli eretici con l'autorità della Chiesa cattolica e con una difesa più solida », *ibidem*, 1,1.

[18] Cfr. Ambrogio, *De mysteriis*, 1,2.

[19] Un esempio lo si trova nel *Sermo* 214 scritto di suo pugno da Agostino dove si legge: « Dopo questo esordio si reciti tutto il simbolo senza nessuna spiegazione: Credo in Dio Padre onnipotente, e tutto il resto. Simbolo che, come sapete, non si suol mettere per iscritto. Dopo di che si svolga questa dissertazione ».

rola dei singoli articoli spiegati dal vescovo. Questi, a più riprese, sollecita i catecumeni a imparare a memoria il simbolo, spiegando loro il significato della sua consegna (*traditio*) e della sua riconsegna (*redditio*): «Ecco dunque: vi ho proposto questo breve discorso su tutto il simbolo, come vi dovevo. Mentre il simbolo lo udrete tutto di seguito, vi ritroverete tutto quanto è stato brevemente sintetizzato in questo discorso. Le parole del simbolo non dovete assolutamente scriverle per impararle a memoria, ma dovete mettervele in testa solo ascoltando; e neanche scriverle dopo che le avrete imparate, ma dovete conservarle sempre nella memoria e così riportarle alla mente. D'altronde tutto ciò che ora sentirete nel simbolo è contenuto nei testi divini delle Sacre Scritture e tutto vi capita di ascoltarlo, or qua or là, secondo l'opportunità. Ma quel che, raccolto così e redatto in una forma particolare, non è consentito scrivere, richiama alla mente quella promessa di Dio quando, annunciando per mezzo del profeta la nuova alleanza, disse: "Questa è l'alleanza che io concluderò con loro dopo quei giorni, dice il Signore: porrò la mia legge nel loro animo e la scriverò nel loro cuore". Per realizzare questa cosa, quando si sente il simbolo, lo si deve scrivere non su tavolette o su qualunque altra materia, ma nei cuori. Ed egli che vi ha chiamati al suo regno e alla sua gloria, quando sarete stati rigenerati con la sua grazia, vi concederà che sia scritto nei vostri cuori anche per mezzo dello Spirito Santo, perché possiate amare quello che credete e la fede operi in voi per mezzo della carità, e così possiate piacere al Signore Dio dispensatore di ogni bene non come servi che temono la pena, ma come uomini liberi che amano la giustizia. Ed ecco ora il simbolo che, già catecumeni, vi è stato istillato per mezzo delle Scritture e dei discorsi della Chiesa, ma che dai fedeli deve essere confessato e professato sotto questa breve formula»[20].

Ecco ancora un'altra bella pagina di storia e spiritualità con la quale Agostino ammoniva i catecumeni sul senso della *traditio* che nella sua Chiesa avveniva la IV domenica di Quaresima: «Fra otto giorni renderete quanto oggi avete ricevuto. I vostri parenti che hanno cura di voi vi insegneranno perché siete stati preparati e come dovete svegliarvi al canto del gallo per le orazioni che qui celebrate. Ormai arriva il tempo per voi di recitare qui il simbolo, perché lo possiate ritenere con diligenza. Nessuno si agiti, nessuno per l'agitazione, non sia in grado di recitarlo. State tranquilli; noi per voi siamo padri e non abbiamo la bacchetta o la sferza dei maestri di scuola. Se qualcuno sbaglierà nelle parole, starà attento a non sbagliare nella fede»[21].

Nell'unico testo che possediamo sulla *redditio*, il vescovo di Ippona introduce così il suo discorso ai catecumeni nella V domenica di Quaresima: «Il simbolo del santo mistero che avete ricevuto tutti insieme e che oggi avete reso uno per uno, sono le parole su cui è costruita con saldezza la fede della madre Chiesa sopra il fondamento stabile che è Cristo Signore. Voi dunque lo avete ricevuto e reso, ma nella mente e nel cuore lo dovete tenere sempre presente, lo dovete ripetere nei vostri letti, ripensarlo nelle piazze e non scordarlo durante i pasti: e anche quando dormite con il corpo, dove-

[20] Agostino, *Sermo* 212,2.
[21] Id., *Sermo* 213,11.

te vegliare in esso con il cuore»[22]. Queste ultime espressioni fanno comprendere un ulteriore elemento della prassi primitiva: il credo non veniva recitato in primo luogo durante l'eucaristia, ma nella preghiera quotidiana. Fino a questo periodo, la professione di fede liturgica rimane quella battesimale; solo a partire dalla composizione del credo niceno-costantinopolitano la recita si estende al momento eucaristico. Nel V secolo lo si trova già presente nei testi liturgici di Antiochia, nel VI in tutto il rito bizantino, nell'VIII in Francia e nella Chiesa di Milano; nel 1014, infine, viene chiesto anche a Roma di adeguarsi alla prassi di tutta la Chiesa.

3. Un ultimo tratto emerge dagli scritti di sant'Agostino ed è la *professione pubblica* del simbolo. Nelle *Confessioni* un brano attira la nostra attenzione in proposito. Agostino racconta delle sue frequentazioni con Simpliciano, durante il periodo milanese, a cui aveva confidato delle sue letture dei filosofi platonici tradotte dal retore Vittorino. Alla gioia di Simpliciano per questa notizia, si aggiunse una confidenza: la conversione del grande retore. «Evocò i suoi ricordi di Vittorino da lui conosciuto intimamente durante il suo soggiorno a Roma. Quanto mi narrò dell'amico non tacerò, poiché offre l'occasione di rendere grande lode alla tua grazia. Quel vecchio possedeva vasta dottrina ed esperienza di tutte le discipline liberali, aveva letto e ponderato un numero straordinario di filosofi, era stato maestro di moltissimi nobili senatori; così meritò e ottenne, per

[22] Id., *Sermo* 215,1.

lo splendore del suo altissimo insegnamento, un onore ritenuto insigne dai cittadini di questo mondo: una statua nel Foro romano. Fino a quell'età aveva venerato gli idoli e partecipato ai sacrifici sacrileghi, da cui la nobiltà romana di allora quasi tutta invasata, delirava per la dea del popolino di Pelusio e per mostri divini di ogni genere e per Anubi l'abbaiatore, i quali un giorno *contro Nettuno e Venere e Minerva* presero le armi. Roma supplicava ora questi dèi dopo averli vinti, e il vecchio Vittorino li aveva difesi per lunghi anni con eloquenza terrificante. Eppure non arrossì di farsi garzone del tuo Cristo e infante alla tua fonte, di sottoporre il collo al giogo dell'umiltà, di chinare la fronte al disonore della croce... A detta di Simpliciano, leggeva la Sacra Scrittura, e tutti i testi cristiani ricercava con la massima diligenza e studiava. Diceva a Simpliciano, non in pubblico, ma in gran segreto e confidenzialmente: "Devi sapere che sono ormai cristiano". L'altro replicava: "Non lo crederò né ti considererò nel numero dei cristiani finché non ti avrò visto nella chiesa di Cristo". Egli chiedeva sorridendo: "Sono dunque i muri a fare i cristiani?". E lo affermava sovente, di essere ormai cristiano, e Simpliciano replicava sempre a quel modo, ed egli sempre ripeteva quel suo motto sui muri della chiesa... Perso il rispetto verso il suo errore, e preso da rossore verso la verità, all'improvviso e di sorpresa, come narrava Simpliciano, disse all'amico: "Andiamo in chiesa, voglio divenire cristiano". Simpliciano, che non capiva più in sé per la gioia, ve lo accompagnò senz'altro. Là ricevette i primi rudimenti dei sacri misteri; non molto dopo diede anche il suo nome per ottenere la rigenerazione del battesimo, tra lo stupore di Roma e il gaudio della Chiesa. Se i superbi s'irritavano a quella vista, digrignavano i denti e si maceravano, il tuo servo aveva il Signore *Dio sua speranza e non* volgeva lo sguardo *alle vanità e ai fallaci furori*... Infine, venne il momento della professione di fede. A Roma chi si accosta alla tua grazia recita da un luogo elevato, al cospetto della massa dei fedeli, una formula fissa imparata a memoria. Però i preti, narrava l'amico, proposero a Vittorino di emettere la sua professione in forma privata, licenza che si usava accordare a chi faceva pensare che si sarebbe emozionato per la vergogna. Ma Vittorino amò meglio di professare la sua salvezza al cospetto della santa moltitudine. Da retore non insegnava la salvezza, eppure aveva professato la retorica pubblicamente; dunque tanto meno doveva vergognarsi del tuo gregge mansueto pronunciando la tua parola chi proferiva le sue parole senza vergognarsi delle turbe insane. Così, quando salì a recitare la formula, tutti gli astanti scandirono fragorosamente in segno di approvazione il suo nome, facendo eco gli uni agli altri, secondo che lo conoscevano. Ma chi era là, che non lo conosceva? Risuonò dunque di bocca in bocca nella letizia generale un grido contenuto: "Vittorino, Vittorino"; e come subito gridarono festosi al vederlo, così tosto tacquero sospesi per udirlo. Egli recitò la sua professione della vera fede con sicurezza straordinaria. Tutti avrebbero voluto portarselo via dentro al proprio cuore, e ognuno invero se lo portò via con le mani rapaci dell'amore e del gaudio»[23]. La commozione della narrazione non deve far perdere di vista le impor-

[23] Id., *Confessioni*, VIII,2,2-5.

tanti notizie che riguardano il nostro tema: «A Roma chi si accosta alla tua grazia recita da un luogo elevato, al cospetto della massa dei fedeli, una formula fissa imparata a memoria».

5. Oltre la leggenda

La prassi descritta da Agostino nelle *Confessioni* trova conferma in un altro autore, Rufino. Nel suo prezioso scritto *La spiegazione del credo*, il monaco di Aquileia, che commenta il simbolo romano, aggiunge una sua interpretazione personale che potrebbe considerarsi del tutto plausibile: «In diverse Chiese troviamo che qualcosa è stato aggiunto a queste parole. Non risulta, invece, che ciò sia avvenuto nella Chiesa di Roma; ritengo perché lì non ha tratto origine alcuna eresia e vi si conserva l'antica usanza che coloro i quali stanno per ricevere il battesimo, ripetano il simbolo pubblicamente; cioè mentre ascolta il popolo dei fedeli. E certamente quelli che li hanno preceduti nella fede e stanno ad ascoltare non tollererebbero l'aggiunta di una sola parola»[24]. Il nome di Rufino riporta al contenuto iniziale di questo capitolo. Nel suo scritto, infatti, ritroviamo la stessa testimonianza offerta da Ambrogio circa un simbolo scritto dagli apostoli: «Come tramandano i nostri predecessori (At 2,14) dopo l'ascensione del Signore, quando per la venuta dello Spirito Santo sopra ognuno degli apostoli si posarono lingue di fuoco perché essi parlassero con diversi e svariati linguaggi così che nessuna gente straniera, nessuna lingua barbara sembrasse loro

[24] Rufino, *La spiegazione del Credo*, 3.

inaccessibile e preclusa, fu loro comandato di partire alla volta di ogni singola nazione per predicare la parola di Dio (At 1,5). Sul punto di partire e di separarsi gli uni dagli altri, stabilirono in comune la norma della loro futura predicazione, perché non avvenisse che, allontanandosi gli uni dagli altri, comunicassero qualcosa di diverso a coloro che invitavano ad abbracciare la fede di Cristo. Perciò stando tutti insieme e ripieni di Spirito Santo, mettendo insieme ciò che ognuno sentiva, compongono questa breve traccia della loro futura predicazione e stabiliscono di dare tale norma a quanti avrebbero creduto. La vollero chiamare simbolo per molte ragioni. Infatti in greco la parola simbolo significa indizio, apporto collettivo, cioè ciò che più persone mettono insieme»[25].

Dopo questi testi, nulla più possediamo di documentato, fino al VI secolo, durante il quale la diceria di questo simbolo scritto dagli apostoli, accreditata da un discorso attribuito a sant'Agostino, prende corpo e rimane tale per tutto il Medio Evo: «Il decimo giorno dopo l'ascensione, quando i discepoli erano riuniti insieme per paura dei Giudei, il Signore mandò su di loro il Paraclito promesso. Alla sua venuta, essi furono tutti infiammati come ferro incandescente e, dotati della piena conoscenza di tutte le lingue, composero il credo. Pietro disse: "Credo in Dio Padre onnipotente... creatore del cielo e della terra"... Andrea disse: "e in Gesù Cristo suo Figlio... nostro unico salvatore"... Giacomo disse: "che fu concepito nello Spirito Santo... nacque da Maria vergine"... Giovanni disse: "soffrì sotto Ponzio Pilato... fu crocifisso

[25] *Spiegazione del Credo*, 2.

morì e fu sepolto"... Tommaso disse: "discese agli inferi... il terzo giorno risuscitò da morte"... Giacomo disse: "Ascese al cielo... siede alla destra di Dio Padre onnipotente"... Filippo disse: "di là verrà a giudicare i vivi e i morti"... Bartolomeo disse: "credo nello Spirito Santo"... Matteo disse: "la santa Chiesa cattolica... la comunione dei santi"... Simone disse: "la remissione dei peccati"... Taddeo disse: "la risurrezione della carne"... Mattia disse: "la vita eterna"»[26].

Il simbolo apostolico, indipendentemente dalla cornice leggendaria che lo circondava, si consolidò sempre più fino ad essere universalmente riconosciuto come una vera professione di fede tra le più antiche della Chiesa. Ciò che entrò in crisi, invece, fu la sua origine. Durante il Concilio di Firenze (1438-1439), convocato per dirimere la disputa con l'Oriente, avvenne che nella dodicesima sessione svoltasi a Ferrara l'8 dicembre 1438, il cardinale Cesarini fece il suo intervento richiamando il valore del simbolo apostolico a conferma della sua tesi. Il vescovo Marco di Efeso, portavoce dei Greci e contrario all'unione, manifestò tutta la sua sorpresa dichiarando a sua volta: «Noi non abbiamo questo simbolo della fede e non l'abbiamo mai visto. Se fosse esistito, gli Atti degli Apostoli ne avrebbero certamente fatto menzione»[27]. La critica di Marco di Efeso non fu subito presa in seria considerazione, ma l'origine apostolica di questo simbolo cominciò a entrare in crisi. Già Erasmo da Rotterdam nella

[26] *Sermo* 240; *PL* 39, 2189; testo probabilmente dell'VIII sec.; cfr. J.N.D. Kelly, *I simboli di fede della Chiesa antica*, Edizioni Dehoniane, Napoli 1987, p. 3.

[27] J. Quasten, *Symbolforschung*, in *LThK* IX, p. 1211.

sua *Spiegazione del Credo*, rispondendo alle domande del «catecumeno» cerca di rimanere fedele alla tradizione antica, insistendo però più sui contenuti che sugli autori e sorvolando sulla loro diretta composizione: «*Catecumeno*: Alcuni attribuiscono ai singoli apostoli i singoli articoli. *Catechista*: Se ciò fosse vero, sbaglierebbero quanti vogliono che gli articoli siano quattordici... *Catecumeno*: Perché questo simbolo è detto degli apostoli? *Catechista*: Per essere distinto, mediante il titolo, dagli altri simboli: il Niceno, il Costantinopolitano, quello di Atanasio e tanti altri. Ed è probabile che sia stato il primo di tutti... *Catecumeno*: Se ci sono tante variante in poche parole, con quale coraggio alcuni hanno sostenuto che questo simbolo è stato redatto dagli apostoli con comune consenso e per di più in forma scritta? Chi mai avrebbe osato aggiungere o togliere in uno scritto di qualunque degli apostoli anche un solo accento? *Catechista*: Un re spartano, a chi gli chiedeva come mai i magistrati non si ribellassero al re, rispose: "appunto perché sono dei magistrati". Ora, ti posso rispondere allo stesso modo: "Hanno affermato questo proprio perché sono degli uomini". Se leggono qualcosa dei moderni, vi si attengono con pertinacia, se si portano loro documenti degli antichi, temono che sotto ogni pietra si annidi uno scorpione. *Catecumeno*: Dunque, questo non è il simbolo degli apostoli? *Catechista*: Lo è, eccome! Poiché tutto ciò che qui viene insegnato gli apostoli lo hanno appreso dal Cristo e ciò che hanno appreso lo hanno trasmesso a noi con fedeltà. Poche parole non mutano la verità immutabile»[28].

[28] Erasmo da Rotterdam, *Spiegazione del Credo*, Città Nuova, Roma 2002, pp. 45-50.

Come si può notare, il contesto battesimale è lo sfondo su cui sono nati i primi simboli. Una volta radicata questa professione, la Chiesa sentì l'esigenza di formulare altri simboli; la cosa fu resa necessaria, soprattutto per ribadire la verità dei contenuti di fede messi in discussione dalle diverse eresie. A partire dal II secolo, fino a raggiungere le professioni di fede dei Concili di Nicea e Costantinopoli, dunque, è possibile verificare un progressivo sviluppo delle professioni di fede neotestamentarie; l'elaborazione si stabilizza in formule utilizzate nel contesto battesimale e altre scritte per esprimere l'unità della fede di tutte le Chiese. Per l'economia del nostro studio, è sufficiente fare un breve riferimento al credo *niceno-costantinopolitano* che rimane come il simbolo per antonomasia. Questa professione fu presentata per la prima volta il 10 ottobre 451, durante la seconda sessione del Concilio di Calcedonia. La formula venne aggiunta al simbolo di Nicea che nel 325 venne convocato per contrastare l'eresia ariana. Prendendo, con molta verosimiglianza, come professione base quella in uso nella Chiesa di Cesarea[29], i Padri aggiunsero le espressioni che correggevano le tesi di Ario circa la divinità di Cristo; il termine *homoousios* rimane come il punto cardine dell'intera questione. A Costantinopoli (381) i problemi più gravi riguardavano l'eresia apollinarista, che negava la

[29] Come si sa, gli atti di questo concilio non ci sono pervenuti; ciò che si può arguire dai frammenti giunti fino a noi negli scritti di Atanasio ed Eusebio di Cesarea, è che al concilio non si produsse un nuovo simbolo, ma i Padri lavorarono su diversi simboli già conosciuti. Da qui nascono le diverse interpretazioni circa il simbolo base se quello di Cesarea (come sostengono i più) o quello di Gerusalemme o di Antiochia; cfr. J.N.D. Kelly, *I simboli di fede della Chiesa antica*, pp. 217-227.

piena umanità di Gesù, e quella macedoniana che negava, invece, la divinità dello Spirito Santo. Con questo simbolo, la Chiesa debellava i gravi errori trinitari, ma soprattutto presentava ormai una professione di fede unitaria, solida nella sua ortodossia e universalmente accolta[30]. Il simbolo si arricchiva, in questo modo, di un contesto più ampio, oltre quello battesimale. Esso era rappresentato dall'impegno a mantenere ferma la verità della fede intorno a quei pilastri che i Padri avevano ratificato nei concili. Insomma, a partire dal IV secolo, la Chiesa conosce ormai due solenni professioni di fede: quella battesimale e quella dottrinale. La prima rimarrà segnata dall'impegno in prima persona che il credente è tenuto a confessare come segno della sua libertà nell'aderire alla fede; la seconda, contrassegnata dal «noi crediamo», attesta la fede di tutta la Chiesa che intorno ad essa si riconosce e sviluppa.

Il simbolo di fede nasce a partire dalla necessità di esprimere la fede in vista del battesimo. Esso esprime a pieno titolo la fede personale di ogni credente che apre il suo cuore all'azione della grazia e con la sua bocca professa la fede nella Trinità. La comunità primitiva possedeva la sua professione nel Signore Gesù e i testi del Nuovo Testamento ne sono una testimonianza coerente e veritiera. La fe-

[30] Nell'anno 675 fu aggiunta a questo testo l'espressione che divenne il punto cruciale del conflitto tra le Chiese di Occidente e quelle di Oriente. Si tratta del *Filioque* con il quale, nelle Chiese latine, si intendeva specificare l'uguaglianza tra le tre persone della Trinità. Le Chiese d'Oriente, a onor del vero, riconobbero la verità sottesa al *Filioque*, ma quando nel 1013 fu chiesto di immetterlo nella professione di fede anche dell'Oriente, la Chiesa greca si rifiutò di farlo. Poco dopo, si consumò la divisione lacerante tra la Chiesa cattolica e le Chiese ortodosse.

de professata dal singolo in vista del battesimo, comunque, è fede di tutta la Chiesa. È per questo che nel corso dei secoli e nelle diverse esigenze della storia, essa ha sentito non solo l'esigenza, ma il dovere di richiamare ai contenuti essenziali della fede in maniera semplice, immediata e diretta, ma normativa per tutti i credenti.

La storia della Chiesa conosce per questo molti altri simboli; sono stati composti da Chiese particolari, da alcuni Sinodi (Orange, Toledo) e dai concili (Lateranense IV), come pure da singoli papi a secondo degli eventi: Pio IV al termine del Concilio di Trento, Pio X contro il modernismo, Paolo VI nell'Anno della fede. Il cambiamento culturale in atto ha provocato anche ai nostri giorni la domanda sulla necessità di nuove professioni di fede. Negli anni successivi al Concilio Vaticano II, K. Rahner fu tra i primi a sollevare il problema[31]. Egli sosteneva l'esigenza di corrispondere alla mentalità dell'uomo moderno con formule brevi che richiamassero immediatamente alla sua mente la fede battesimale. Questo tema non fa che confermare la problematica legata al linguaggio della fede[32], alla verità che viene espressa nelle formulazioni e all'esigenza di testimoniare pubblicamente la propria fede. La proposta di K. Rahner non ha avuto molto seguito; in compenso, l'esigenza di provvedere a una sintesi dei contenuti della fede ha dato vita al *Catechismo della*

[31] Cfr. soprattutto K. Rahner, *Per una «formula breve» della fede cristiana*, in *Nuovi Saggi* III, Edizioni Paoline, Roma 1969, pp. 175-189; Id., *Problemi su una formula breve di fede*, in *Nuovi Saggi* IV, Edizioni Paoline, Roma 1973, pp. 313-352.

[32] Cfr. C. Dotolo, *La rilettura del simbolo della fede nella teologia dopo il Vaticano II*, in Id. (a cura di), *Il credo oggi. Percorsi interdisciplinari*, EDB, Bologna 2001, pp. 123-147.

Chiesa Cattolica (1992). Prendendo come struttura i testi classici della catechesi dei Padri e dei grandi concili, anche il Catechismo della Chiesa Cattolica si apre con la spiegazione del simbolo riportando sia quello apostolico che quello niceno-costantinopolitano come professioni di fede universalmente accettate dalla Chiesa[33].

6. Unità del simbolo e divisione dei credenti

Il simbolo possiede pure una valenza ecumenica. Durante i vari incontri ecumenici è possibile verificare l'esigenza dei cristiani di voler professare insieme la comune matrice della loro fede. La preghiera del *Padre Nostro* esprime a pieno titolo la comune origine che scaturisce dallo stesso battesimo; eppure, proprio in forza dello stesso battesimo sembra necessario confessare pubblicamente anche l'unità della fede. Le divisioni che sono intercorse durante i secoli, purtroppo, hanno intaccato proprio alcuni contenuti della fede e rimane ancora problematica la prassi da adottare per rispettare, da una parte, la natura del simbolo, dall'altra, l'esigenza propria delle diverse Chiese e Comunità. Certamente, il simbolo apostolico non costituisce un problema particolare in rapporto con le diverse Comunità che provengono dalla Riforma. Lutero, da buon agostiniano, commentava la professione di fede apostolica nei suoi catechismi e questo simbolo rimane in quelle Comunità con tutta la sua valenza significativa fino ai nostri giorni. Le Chiese

[33] Cfr. *Catechismo della Chiesa Cattolica*, nn. 142-184.

Ortodosse, invece, preferiscono fare riferimento al credo niceno-costantinopolitano. La cosa non è indolore nel momento in cui si sceglie di recitare questo simbolo durante un incontro ecumenico con i cattolici. Il problema che si pone, in prima istanza, non tocca la presenza o meno del *filioque*. Come si sa, cattolici e ortodossi convengono sulla dizione originaria del Concilio di Costantinopoli dove l'espressione non è presente. In ogni caso, c'è da domandarsi seriamente se è possibile per i cattolici soprassedere dal pronunciare il *filioque*, visto che in ogni caso la formula appartiene allo sviluppo dogmatico e si presenta come una lettura latina del mistero trinitario complementare a quella ortodossa. Ciò che preme considerare, comunque, è il significato teologico ed ecclesiale che quel simbolo possiede fin dalla sua origine. Il credo niceno-costantinopolitano, infatti, fu sempre considerato universalmente come il segno dell'unità di tutte le Chiese tra di loro. Nel professare quel simbolo, ogni Chiesa si sentiva in comunione piena con le altre proprio perché ognuna e tutte insieme si ritrovavano nella stessa fede[34]. A partire dalla professione di fede di Nicea-Costantinopoli, insomma, il simbolo acquistò un valore dichiarativo; la Chiesa iniziò ad assumerlo come segno espressivo della fede di tutti i credenti e come forma della comunione interecclesiale. In qualche modo, il simbolo divenne la *regula fidei* della comunità cristiana.

[34] In questo senso, crea estremo imbarazzo dover verificare come con tanta tranquillità senza neppure porsi il problema teologico, si imponga ai fedeli in celebrazioni comuni la professione di questo simbolo. Alla fantasia e improvvisazione non c'è limite, ma al senso teologico della liturgia e alla coerenza dottrinale, tutti devono rispetto.

Questi problemi a livello ecumenico non sono del tutto risolti neppure ai nostri giorni. Il dibattito tra i teologi rimane giustamente aperto e ad esso non è giusto ovviare imponendo una prassi che ha poca dimestichezza con la teologia mentre cede, piuttosto, a un'improvvisazione spesso priva di senso. Ritenere che in questo ambito i problemi teologici siano causa di allontanamento dal movimento di unità dei cristiani è fuorviante; in materia di fede, la storia dei concili dovrebbe insegnare a tutti l'importanza di una corretta intelligenza dei contenuti del credo e la valenza significativa che esso possiede.

7. Per concludere

«Questo simbolo è un sigillo spirituale, è la meditazione del nostro cuore e ne è come la difesa sempre presente: senza dubbio è il tesoro che custodiamo nel nostro cuore»[35]. Le parole di sant'Ambrogio nel suo trattato sulla *Esposizione del Simbolo* possono concludere questa breve panoramica. I simboli della fede sono uno strumento importante con il quale la Chiesa trasmette ininterrottamente di generazione in generazione ciò che crede. Secondo la bella espressione di Cirillo di Gerusalemme: «Il simbolo della fede non fu composto secondo le opinioni umane, ma consiste nella raccolta dei punti salienti, scelti da tutta la Scrittura, così da dare una dottrina completa della fede. E come il seme della senape racchiude in un granellino molti rami, così questo compendio della fede racchiude tutta la conoscenza della vera pietà

[35] Ambrogio, *Esposizione del Simbolo*, 1.

contenuta nell'Antico e nel Nuovo testamento»[36]. Trasmettere il simbolo, impegnandosi a farne crescere l'intelligenza dei suoi contenuti, non impegna solo i Pastori della Chiesa nel loro ministero di insegnamento; ogni credente, da parte sua, è chiamato a vivere di quella professione e darne pubblica testimonianza. Il senso di appartenenza alla Chiesa comporta la consapevolezza che la fede vive per trasmissione all'interno di una tradizione che riporta fino a Cristo. Il Concilio ha insegnato e ribadito la sua importanza: «La predicazione apostolica, che è espressa in modo speciale nei libri ispirati, doveva esser conservata con una successione ininterrotta fino alla fine dei tempi. Gli apostoli perciò, trasmettendo ciò che essi stessi avevano ricevuto, ammoniscono i fedeli ad attenersi alle tradizioni che avevano appreso sia a voce che per iscritto (cfr. 2Ts 2,15), e di combattere per quella fede che era stata ad essi trasmessa una volta per sempre» (*DV* 8). Alla luce di questa preoccupazione, si comprende il motivo, presente in diversi Padri della Chiesa, perché il simbolo fosse imparato a memoria. Il suo contenuto deve essere scritto nel cuore oltre che nella mente dei cristiani; in questo modo, esso rimane come memoria perenne dell'essere venuti alla fede e come canto di lode al Padre per i benefici del suo amore.

La fede, dunque, proviene da una trasmissione perenne a cui si dà ascolto, che non può né deve conoscere sosta alcuna. È una trasmissione che si fa forte della missionarietà della Chiesa destinata dal Signore a portare il vangelo nel mondo intero e

[36] Cirillo di Gerusalemme, *Catecheses illuminandorum*, 5,12; cfr. *CCC* 186.

a ogni creatura (Mt 28,19-10). Mai la Chiesa potrà stancarsi di percorrere le strade del mondo per condividere, con chi ancora non lo possiede, questo annuncio di verità che riporta l'uomo alla sua più genuina identità personale. La fede non è un vago sentimento che si culla nel momento del bisogno né un generico impegno che talvolta si affaccia perché ci si senta gratificati; è, piuttosto, la risposta piena, totale, senza reticenze che si dà a Cristo che chiama a divenire suoi discepoli per essere perfetti. Per questa professione di fede, i martiri hanno reso la loro testimonianza indicando anche a ognuno di noi la via maestra che ogni vero discepolo di Cristo deve percorrere.

Permangono, pertanto, con la loro profonda attualità le parole di sant'Agostino: «Ricevete la formula della fede che è detta *Simbolo*. E quando l'avete ricevuta imprimetela nel cuore e ripetetevela ogni giorno interiormente. Prima di dormire, prima di uscire, munitevi del vostro Simbolo. Nessuno scrive il Simbolo al solo scopo che sia letto, ma perché sia meditato. E perché la dimenticanza non distrugga ciò che la diligenza ha tramandato, funzioni da libro per voi la vostra memoria. Ciò che udrete sarà l'oggetto della vostra fede e quello che crederete lo ripeterete anche con la lingua. Ha detto infatti l'Apostolo: *Con il cuore si crede per ottenere la giustizia e con la bocca si fa la professione di fede per avere la salvezza*. Questo è il Simbolo che ripasserete e che ripeterete. Le parole che avete sentito recitare si trovano qua e là nelle Scritture divine, ma da lì sono state raccolte e riassunte in un unico testo per evitare fatica alla memoria degli uomini più lenti e perché ogni uomo possa dire, possa ritenere quello che crede. Non avete proprio appena adesso sentito che Dio è onnipotente? Ebbene voi cominciate ad averlo anche come Padre, dal momento in cui foste nati da quella Madre che è la Chiesa»[37].

[37] Agostino, *Discorso sul simbolo rivolto ai catecumeni*, *Sermo* 4,1,1.

CONCLUSIONE

La fede non è scomparsa tra i nostri giovani né si è allontanata dalle nostre città. Non siamo di quelli che ritengono che l'Europa sia alla fine del cristianesimo e che esso dovrà rinascere nel terzo mondo[1]. La fede non ha in primo luogo una configurazione geografica, ma personale. Essa è viva dove ci sono persone che credono e danno testimonianza della loro fede. Il cristianesimo non morirà di vecchiaia, perché ciò che professa è quanto l'uomo percepisce come il senso ultimo e definitivo della sua vita, oltre il quale non può andare; quali saranno le forme con cui esso si espliciterà e darà testimonianza nel futuro, queste sono rinchiuse in un piano misterioso che include la libertà creativa della Chiesa nel momento in cui deve corrispondere alle richieste dello Spirito[2]. Certo, l'Europa vive sotto la cappa della stanchezza e il peso di una civiltà che ha creato cultura e progresso sembra farsi sentire nel contesto odierno che spinge verso nuove soluzioni. L'Europa, tuttavia, sarà forte della sua fede nella misura in cui sarà capace di riprendere

[1] Cfr. Ph. Jenkins, *La Terza Chiesa. Il cristianesimo nel XXI secolo*, Fazi, Roma 2004, pp. 16-22.

[2] Cfr. K. Rahner, *Sulla pretesa del cristianesimo di possedere un valore assoluto*, in *Scienza e fede cristiana*, *Nuovi Saggi* IX, Edizioni Paoline, Roma 1984, pp. 253-256.

con ferma consapevolezza la sua storia fatta anche di martiri e testimoni della fede.

Non è possibile dimenticare che le grandi conquiste dei secoli passati sono state realizzate da uomini di profonda fede; l'elenco dei loro nomi ci porterebbe troppo lontano. Eppure, perché non vi sia perdita di memoria storica, almeno alcuni personaggi vanno menzionati: Anselmo d'Aosta, Tommaso d'Aquino e Alberto Magno hanno composto la sintesi più attraente della cultura classica con le istanze del cristianesimo, ponendo le premesse e divenendo i primi maestri delle università che la Chiesa fondava a ritmi incalzanti in tutta Europa. Grozio, Erasmo, Keplero, Copernico, Galileo hanno segnato l'inizio e lo sviluppo dell'epoca moderna e delle conquiste letterarie e scientifiche. Adenhauer, Schumann, De Gasperi sono punti di riferimento ineliminabili per chi vuole considerare il processo di unità a cui l'Europa sta faticosamente, e spesso contraddittoriamente, puntando. L'elenco sarebbe talmente lungo, ricco ed eloquente, da far impallidire quanti pretestuosamente ritengono che la fede sia estranea al progresso ed emarginano l'azione dei cristiani come momento alieno della cultura. Sarà necessario ribadire ancora una volta che non solo abbiamo creato cultura, ma che questo è stato possibile in forza della fede e per l'azione di responsabilità e solidarietà che abbiamo sempre testimoniato. D'altronde, è questa la nostra storia. Non siamo stati forse noi, sulla parola del Signore, ad avere una costante e ostinata predilezione per tutto ciò che il mondo ha rifiutato considerandolo inutile e poco efficiente? Il malato cronico e terminale, l'emarginato, il portatore di handicap e quanto altro esprime agli occhi del mondo mancanza di futuro e di speranza, trovano l'impegno del cristiano. Abbiamo esempi nella nostra storia che richiamano con forza alla santità di uomini e donne che hanno fatto di questo programma l'inizio di una autentica rivoluzione culturale. Dinanzi a questa santità crolla ogni possibile alibi; l'utopia cede il passo alla credibilità e la passione per la verità e la libertà trovano sintesi nell'amore offerto senza nulla chiedere in cambio. Questo nostro impegno per il mondo, a volte segnato dalla nostra contraddizione, ma leale, è ciò che ci permette di vivere l'esistenza di fede nella fedeltà alle nostre origini in Gesù di Nazaret, in un permanente lavoro per il mondo in cui viviamo perché possa percepire gli ideali che ci muovono e comprenda che meritano di essere vissuti.

Questo volume ha voluto porre la fede all'ombra dell'amore; non certo perché questa venisse offuscata, piuttosto perché ne ricevesse una base più solida. Tornano con particolare rilievo, in questo contesto, le dense espressioni di von Balthasar: «Noi ci interroghiamo sull'essere, sulla pura essenza dell'amore stesso. E quando cerchiamo di coglierla nelle sue espressioni più pure, ci imbattiamo sempre nel mistero della dedizione di sé. L'amore vorrebbe rinunciare a tutto ciò che è suo in favore dell'amato, per arricchirlo. Al punto che esso accetterà volentieri regali dall'amato, se sa che egli si sente arricchito e contento in virtù del gesto di donazione. Anche il suo ricevere sarà una forma di dedizione... esso si augura di dimenticare se stesso in favore dell'amato e di rimanere in vita solo fino a che l'amato è desideroso di avere di fronte a sé qualcosa di vivo e di personale. Colui che veramente ama, che vive interamente per l'amore, non ha più alcuna sfera privata per se stesso, da sottrarre all'amore e al suo servizio. Egli non può trattare l'amore come qualcosa di penultimo nella sua mente, non può assegnargli nella propria anima uno spazio ben delimitato, non può porgli a disposizione una parte limitata delle sue forze. Egli deve lasciare che questo fuoco prenda possesso anche del punto centrale della propria anima. Egli non può far altro che offrire in dono all'amato tutto il suo io unitamente a tutte le sue energie. E per il futuro egli non vuole più avere come regola e legge della sua vita niente altro che ciò che l'amato come regola e legge gli ridà. Egli stimerà come la sua più alta ricchezza quella di possedere niente altro che ciò che l'amato gli dona. E vedrà come sua massima fecondità quella di tenersi pronto esclusivamente come recipiente per ogni fecondante seme dell'amato. Lo spirito dell'amore è uno spirito di pura dedizione e perciò uno spirito del poter fare, avere il permesso di fare. Se l'amore è puro si volge a Dio e al fratello per proprio intimo movimento. Esso non è niente altro che questo volgersi. Perciò non ha bisogno di nessun'altra legge che se stesso, e tutte le leggi sono in esso a un tempo adempiute e superate»[3].

Se l'amore è la vocazione di ogni persona e suo stile di vita, è necessario riflettere seriamente su quanto sembra essere l'orientamento dell'attuale tendenza comportamentale. Dalle differenti statistiche che ogni giorno siamo costretti a leggere, si

[3] H.U. von Balthasar, *Gli stati di vita del cristiano*, Jaca Book, Milano 1985, pp. 24-25.

evidenzia sempre di più il senso di profonda solitudine che avvolge l'uomo e la società. In alcuni Paesi, che presumono di aver raggiunto l'espressione massima della libertà, risulta che da un quarto a un terzo della popolazione vive solo. Se questo è il prezzo che l'uomo deve pagare per sentirsi libero, allora è urgente che qualcuno si alzi, e fuori dal coro dica con tutta la forza che ha in sé che questo stile di vita è fuorviante, autolesionista e non conduce a un vero esercizio di libertà né alla felicità tanto proclamata da *slogan* assordanti. Ogni persona porta impressa in sé la nota della relazionalità; essa si sviluppa progressivamente in attenzione verso l'altro, amicizia, solidarietà, partecipazione, responsabilità e amore. Fuori da questo orizzonte si rimane solo nell'illusione, preludio di una delusione suicida. È necessario credere, è importante aprirsi a uno stile di vita che faccia della fede e dell'amore un cammino di maturità. Se la fatica, la delusione e, forse, l'esperienza del fallimento fanno capolino, non dovranno mai comunque inficiare la certezza di fondo che spinge ad amare e abbandonarsi con fede alla persona amata. Questo è il *senso* vero e genuino della vita. Questa è la sua bellezza che permette di cogliere il fondamento ultimo su cui costruire l'esistenza (cfr. 1Cor 3,11), provocando a uno stupore e meraviglia che non si arrestano mai fino a quando non conducono alla contemplazione piena del mistero come definitivo possesso di pace.

Quando uno ama, ama *per sempre*. La fede, invece, ha bisogno di essere ratificata ogni giorno. È per questo che è necessario unire la fede all'amore perché solo così potrà restare salda fino alla fine, quando consegnerà se stessa all'amore che rimarrà come vittoria finale e definitiva, perché «l'amore non avrà mai fine» (1Cor 13,8). La fedeltà, che permane come la caratteristica primaria di Dio (cfr. Es 3,14-15), ha bisogno di sfociare nell'amore come suo punto culminante (cfr. 1Gv 4,8). Il tradimento non può far venire meno l'amore; allontana la persona dalla fonte d'amore che continua a permanere in forza della fedeltà originaria. L'uno e l'altro, dunque, sono a fondamento di una vita personale che sa guardare al futuro con *realismo*, senza nascondersi le difficoltà di oggi, ma convinti della speranza che tutto trasforma.

L'atto di fede che si è chiamati a compiere e con il quale ci si abbandona a Dio pienamente con un assenso che non ammette dubbi, è pur sempre una scommessa che richiede il coraggio per il rischio. Lo ricorda con passione Pascal: «Sì, è necessario scommettere; ciò non è affatto facoltativo... Quale male vi potrà accadere? Sarete fedele, onesto, umile, riconoscente, buono, amico sincero, veritiero... Io vi dico che ci guadagnerete in questa vita; e che, ad ogni passo che farete per questo cammino, vedrete tanta certezza da guadagnare e tanta nullità in ciò che rischiate che alla fine riconoscerete che avete scommesso per una cosa certa, infinita, per la quale non avete dato nulla»[4].

È anche per noi, oggi, la stessa sfida da raccogliere e vincere.

[4] B. Pascal, *Pensieri*, 233.

BIBLIOGRAFIA

Oltre ai testi citati nel volume, si possono considerare:

Agresti G., *Questo mirabile credo*, Edizioni Paoline, Roma 1975.

Alfaro J., *Fides, spes, caritas*, PUG, Roma 1968.

Id., *Cristologia e antropologia*, Cittadella, Assisi 1973.

Antiseri D., *Credere dopo la filosofia del XX secolo*, Armando, Roma 1999.

Ardusso F., *Imparare a credere. Le ragioni della fede cristiana*, San Paolo, Cinisello Balsamo (Mi) 1992.

Id., *Le ragioni della fede cristiana*, San Paolo, Cinisello Balsamo (Mi) 2001.

Aubert R., *Le problème de l'acte de foi*, Louvain 1945.

Balthasar H.U. von, *Gloria. Un'estetica teologica*, vol. I: *La percezione della forma*, Jaca Book, Milano 1971.

Biffi G., *Io credo*, Jaca Book, Milano 1993².

Biser E., *Glaubensverständnis*, Freiburg i.B. 1975.

Id., *Svolta della fede. Una prospettiva di speranza*, Morcelliana, Brescia 1989.

Bouillard H., *Fede o paradosso? Per una critica della ragione teologica*, Fossano 1973.

Brien A., *Le cheminement de la foi*, Paris 1964.

Bultmann R. - Weiser A., *πιστεύω*, in *Grande Lessico del Nuovo Testamento*, vol. X, Paideia, Brescia 1975, pp. 338-488.

Canobbio G. (a cura di), *La fede di Gesù*, EDB, Bologna 2000.

Casale U., *L'avventura della fede*, Elle Di Ci, Leumann (To) 1988.

Chenu M.D., *La foi dans l'intelligence*, Paris 1964.

Coffele G.F., *Bibliografia scelta sull'atto di fede*, in *Ricerche Teologiche* 2 (1991), 383-392.
Dobbeler A. von, *Glaube als Teilhabe*, Tübingen 1987.
Dotolo C. (a cura di), *Il credo oggi. Percorsi interdisciplinari*, EDB, Bologna 2001.
Dulles A., *Il fondamento delle cose sperate. Teologia della fede cristiana*, Queriniana, Brescia 1997.
Dunas N., *Connaissance de la foi*, Paris 1963.
Fisichella R. (a cura di), *Noi crediamo. Per una teologia dell'atto di fede*, Edizioni Dehoniane, Roma 1993.
Fries H., *La fede contestata*, Brescia 1971.
Gonzáles Montes A., *Fundamentación de la fe*, Salamanca 1994.
Grelot P., *Libres dans la foi*, Paris 1987.
Guardini R., *La vita della fede*, Morcelliana, Brescia 1965.
Kasper W., *Introduzione alla fede*, Queriniana, Brescia 1985[8].
Id., *Oltre la conoscenza*, Queriniana, Brescia 1989.
Malevez L., *Pour une théologie de la foi*, Paris 1963.
Manara A., *La fede e i suoi fondamenti*, Edizioni Dehoniane, Roma 1994.
Manaranche A., *Io credo in Gesù Cristo, oggi*, Brescia 1970.
Mouroux J., *Io credo in te. Struttura personale della fede*, Brescia 1950.
Odero J.M., *Teología de la fe. Una aproximación al misterio de la fe cristiana*, Pamplona 1997.
Rahner K., *Corso fondamentale sulla fede*, Edizioni Paoline, Roma 1978[3].
Id., *Atto e contenuto della fede*, in *Nuovi Saggi* IX, Edizioni Paoline, Roma 1984, pp. 210-225.
Id., *Sulla situazione della fede*, in *Nuovi Saggi* VIII, Edizioni Paoline, Roma 1982, pp. 26-84.
Ratzinger J., *Introduzione al cristianesimo*, Queriniana, Brescia 1979[6].
Schäfer Ph., *Introduzione al credo*, Queriniana, Brescia 1982.
Scilironi C., *Possibilità e fondamento della fede*, Edizioni Messaggero, Padova 1988.

Id., *Destino e fede*, Edizioni Messaggero, Padova 1994.
Sequeri P., *L'idea della fede. Trattato di teologia fondamentale*, Glossa, Milano 2002.
Trütsch J., *La fede: linee dello sviluppo del dogma e della teologia*, in *Mysterium Salutis* II, Queriniana, Brescia 1968, pp. 405-504.

INDICE

Capitolo IV

So in chi ho creduto

Capitolo V

La fede trasmessa

Collana

Diaconia alla verità

La Collana vuole farsi carico delle domande che albergano nel cuore degli uomini per illuminarle con un'intelligente presentazione della fede. È un servizio alla verità che vede la teologia impegnata su un duplice fronte: da una parte, nel presentare le domande dell'uomo contemporaneo che provocano la fede; dall'altra, nel mostrare come i contenuti della fede siano carichi di senso per quanti sono alla ricerca di verità che vadano oltre l'immanenza o l'effimero di molte proposte contemporanee.

1. Carmelo Dotolo, *La rivelazione cristiana. Parola, evento, mistero*
2. Rino Fisichella, *La fede come risposta di senso. Abbandonarsi al mistero*
9. Paolo Martinelli, *La testimonianza. Verità di Dio e libertà dell'uomo*
10. Andrea Bellandi, *L'amore pienezza della fede. Solo la carità conosce*
11. Gianluigi Pasquale, *La storia della salvezza. Dio Signore del tempo e della storia*
12. Paolo Scarafoni, *I segni dei tempi. Segni dell'amore*
13. Giuseppe Lorizio, *Fede e ragione. Due ali verso il Vero*
15. Giuseppe Tanzella-Nitti, *Teologia e scienza. Le ragioni di un dialogo*

Nella stessa collana:

Carmelo Dotolo

LA RIVELAZIONE CRISTIANA

Parola evento mistero

In un'epoca come la nostra, caratterizzata sempre più da un pluralismo religioso e culturale, in cui convivono tranquillamente la crisi della religione e il ritorno del sacro, la dichiarata insensatezza del problema di Dio e la continua ricerca di un senso dell'esistenza, la questione della rivelazione cristiana è tornata a essere più che mai attuale e decisiva. Credenti e non credenti non possono non confrontarsi con quelle verità che Dio, con la sua rivelazione, ha voluto comunicare e che riguardano lui stesso, il mondo, la storia, l'uomo...

Ma, come ridire oggi queste verità? Come parlare della rivelazione cristiana, dell'essenza più profonda del cristianesimo? In che cosa il messaggio cristiano si distingue da quello contenuto nelle altre religioni? A tutti questi interrogativi risponde questo volume, presentando la rivelazione cristiana attraverso tre categorie chiave: parola, evento, mistero.

Riscoprire il significato che la rivelazione cristiana ha per ogni uomo, non significa apprendere qualcosa, ma incontrare Qualcuno, il cui amore è il principio della nostra libertà, la legge nuova che sconvolge le false libertà e le mezze verità.

Paoline
EDITORIALE LIBRI

Nella stessa collana:

Paolo Martinelli

LA TESTIMONIANZA

Verità di Dio e libertà dell'uomo

In un'epoca segnata dalla crisi delle grandi ideologie, tentata da nuovi fideismi e in cui si è diventati piuttosto «allergici» alle affermazioni veritative, la testimonianza si configura come quella forma di conoscenza e di comunicazione interpersonale in cui verità e libertà si implicano e si esigono vicendevolmente.

In ambito teologico ciò ha fatto emergere l'urgenza di mostrare oggi la credibilità della rivelazione attraverso la riscoperta della testimonianza originaria di Cristo, crocifisso e risorto, in cui la Verità di Dio si offre definitivamente alla libertà dell'uomo. L'irrompere di Cristo nella storia, come il testimone fedele e verace, costituisce in modo gratuito e indeducibile la risposta a quella istanza di verità assoluta e di senso che alberga nel cuore di ogni uomo.

A partire da questa preoccupazione, il presente volume, dopo una presentazione storica del problema, mostra le caratteristiche della testimonianza cristiana, in cui emerge la possibilità di una vita pienamente significativa, nell'essere testimone della Verità di Dio di fronte a chiunque, in ogni circostanza.

Nella stessa collana:

Giuseppe Lorizio

FEDE E RAGIONE

Due ali verso il Vero

Il volume affronta la questione del rapporto fede-ragione, seguendo il duplice itinerario del pensare verso il credere e del credere verso il pensare e intendendo la fede anzitutto come fede cristiana nella sua forma cattolica e la ragione come pensiero filosofico con particolare riferimento alla modernità e ai suoi esiti.

Il contesto in cui l'Autore si pone è quello della sfida che la ragione moderna emancipata ha lanciato alla fede e la risposta che a questa sfida ha dato la *Fides et ratio*. Qui l'uomo di Chiesa per eccellenza fa proprio il motto del *Sapere aude!* elevandolo a fronte di una ragione che sembra rassegnarsi al proprio stato di infermità e di debolezza, quasi gloriandosene.

Appare così in tutta la sua paradossalità il rapporto tra Chiesa cattolica e filosofia moderna e contemporanea, ma si tratta del paradosso capace di destare stupore e suscitare attenzione in chi è disposto a leggere e interpretare senza fuorvianti precomprensioni tale vicenda.

Paoline
EDITORIALE LIBRI

Stampa: Àncora Arti Grafiche - Milano - 2005